美容と経営

サロンのサービスを劇的に変える——
美容室 レセプション・ナビ
吉田ケン、小池優子（EGO）

BK
Selection 4

BK selection vol.4　美容室 レセプション・ナビ　*contents*

⑥　はじめに

Prologue
⑨　レセプションの受け入れ環境を整える

まずはオーナーが覚悟を決め、"右腕"と価値観を共有する／9　「サロンとして…」をベースに、スタッフ全員で議論を深める／11　「優先順位と工夫」という視点／12　既存のスタッフとのジョイントも意識して／12　「目標設定」と「将来像」の整理がタイミングを判断する材料／13　ルールに血を通わせることが、受け入れ環境の形成につながる／14

Chapter 1
⑮　"第3の目"がサロンサービスのクオリティを上げる

「上手ければ来る」時代は終わり!?／16　「売れない」理由／17　"第3の目"にサロンはどう映っている？／18　お客様が望んでいるサービスとは？／19　「予想外価値」とは？／20　"第3の目"の効果とは？／20　これからの美容室に求められる「性能」と「効能」とは？／22

Chapter 2
㉓　これからのサロンに必要なもの

サロンをハリボテにしないために／24　サロンのクオリティアップに不可欠な"第3の目"＝レセプション／26　何をするかではなく、どんなサロンにするかが大切／27　「ヘアスタイル」と「サービス」の分業／27　理想はキレイなマーブル模様／28

Chapter 3
㉝　サロンサービスの整理（1）

大切なのは役割の明確化／34　「環境品質」という"守備範囲"／34

Chapter 4
㊸　サロンサービスの整理（2）

美容室にとっての「機能的価値」と「情緒的価値」とは？／44　レセプションが「受付」と違う理由／44　「プロモーション＝情緒的価値」の本質は相手に喜んでもらうこと／46　「説明責任」と「安心の提供」——これが信頼感を得るポイント／46　プロモーションの主な実践ポイント／48　オペレーションの主な実践ポイント／51　『EGO』のプロモーションとオペレーションの事例／54　予約表に見るオペレーションの実際／56

Chapter 5
㉛　レセプション、オーナー、技術者、アシスタントの関係と連携

小さいときから組織図をつくり、各自の位置づけを明確にする／62　リストの「縦軸」と「横軸」で、仕事のつながりをイメージ／64　各スタッフの仕事を並列に置く／66　お客様と美容師に対するメリットを説明していく／67　美容師が不得意な部分をサポートしてもらうように要請／68　みんなが「理想のサロン像」を共有／69　サロン内の「お母さん」「相談役」が理想のレセプショニスト像／70

Chapter 6
�77　レセプションの勤務体制

重要なポジションとしてのレセプションの勤務体制／78　幾つもの仕事を同時にこなすため、複数の勤務体制が"基本"／78　「専属レセプション」という発想／81　発想の原点は「お客様にとって…」／83　お客様とレセプショニストのキャリアを揃える／83　記憶に残る接客をする——それがレセプション／85　ときには踏み込んだ誘導や失客防止のアクションも／85

Chapter 7
⑧⑦ レセプションの給与体系と待遇

レセプションと美容師は二人三脚／88　"財産"が少ない分、給与は最初から高めに設定／88　レセプショニストの経験値は、サロンにとって"心強い武器"／90　美容業界で働く——という意識の喚起／91　ポジションの確立に対する意欲が、お客様への対応力を高める／92　キャリアプランやライフプランと密接に連動／93　業務内容とランクの明確なリンク／93　ライフスタイルの変化にも柔軟に対応／94

Chapter 8
⑨⑦ レセプションの採用方法と基準

採用の大半はスカウト／98　最適なスカウト相手は「お客様」／98　労力と時間をかける／99　3つの"採用基準"／99

Chapter 9
⑩③ 1人体制の場合

まだまだ多い1人体制／104　最も大切なのは電話応対／104　明確な"守備範囲の違い"がレセプションの存在を支える／105　プロモーション業務の充実が複数体制への広がりをつくる／106　1人体制こそレセプションを根付かせる基礎段階／106

Chapter 10
⑩⑨ カウンター業務・現場のノウハウ

何よりも強いのは現場の経験に基づいた"工夫"／110　状況が見えないからこそ無駄なく、円滑な情報の共有を／110　受けているときの「姿勢」や「言葉遣い」にも細心の注意を!／113　「ご来店」「フロア」「お会計」——ノウハウが満載のレセプション／114　事前に顧客情報を把握し、お客様を迎える／114　フロアでは、放置時間中のお客様に注意／116　フロアでのやりとりを把握し、心地よいクローズにつなげる／116

Chapter 11
⑪⑨ レセプション業務 Q & A

プロモーション＆オペレーション（Promotion & Operation）／120　待遇・組織（Treatment & Organization）／128

Dialogue
⑬③ レセプションがいるからこそ、心も身体も安心して委ねられる

中浜あゆみ（お客様代表）×吉田ケン（『EGO』オーナー）

とにかく印象的だったレセプションの存在／134　担当した経緯は、レセプションの"命令"があったから／136　「美容師の機嫌を損ねないよう、気を遣うところ」が美容室!?／137　プロフェッショナルな佇まいと心地よい"温度"が伝わってくる／139　お客様が感じがちな"不"を解消するという考え／140　自分のことをわかってもらってキレイにしてもらいたい／141　憶えていてくれるからこそ、また行きたくなる／142　ミスをそのままにせず、対策も含めて具体的に説明／143　血の通った言葉がレセプショニストを成長させる／144

Epilogue
⑭⑤ オーナーの方々へ

真髄は"おもてなし"のかたちをつくること／145　経営者の覚悟がエキスパートをつくる／145　意識改革：思いやりの感覚を養い、"被害者意識"を払拭する／146　美容室にとっての「装い」「設え」「振る舞い」を再確認する／147　理想のサロンづくりのために経営者は先行投資を!／150

INTERVIEW

①覚悟を決め、具体的なアクションで示していくことで、必要性を伝えていく／30
②目指したいサロンのイメージをしっかり持ち、発展的に考えていく／41
③新規客を闇雲に求める前に、今いるお客様をしっかりつなぎ止める／58
④地域とのつながりを意識して、積極的にプロモーションしていく／71

＊著者プロフィール／151

はじめに

"第3の目"による、具体的なメリットはこんなにたくさん！

　この本では、サロンの"第3の目"＝レセプションの業務内容とその必要性について、さまざまな角度から解説していきます。

　美容室のレセプションと言えば、今までのイメージはお会計をしたり予約の電話をとったりする、いわゆる「受付」です。現実には、そういった人さえ置いていないサロンの方が大半です。しかし、その業務に深みと広がりを持たせることで、従来の「受付」とは大きく異なる、「レセプション」というポジションが確立され、サロンのサービスが格段に進化していくのです。

　具体的なメリットは、幾つもあります。

　例えば、美容室の施術で最も心地よいものの1つであるシャンプー。それを進化させたヘッドスパを多くの人に受け入れてもらうために、"ワンコイン感覚"をキャッチポイントとしてレセプショニストが提案した500円の「5分スパ」や、夏季限定の「冷スパ」。これらは、レセプショニストがカウンタースペースで耳にした「気持ちいいから、もうちょっと長くシャンプーして欲しいわね」といったお客様の声から開発されたメニューです。現在、私たちのサロンである『EGO』では、多くのお客様に受け入れていただき、顧客単価と売り上げのアップに貢献しています。

　また、お店が移転したために足が遠のいてしまったお客様へのフォロー。レセプショニストが、そのお客様の住まいの最寄駅からお店までを実際に辿り、足腰が弱っているその方でも来やすいよう、最も身体に負担をかけない電車に乗る位置や駅の出口の場所などを調べ、手書きのカードに。それをお持ちして以来、移転先のお店にも定期的に顔を出してくださるようになりましたが、こういった、

サロンワーカーには手が回りにくい、一人ひとりをイメージしたきめ細かなサービスも、私たちのサロンではレセプショニストが提案し、実践しています。

　銀座への移転が決定した瞬間からスタートした、レセプショニストのプロモーション活動。サロンで必要なものはもちろん、自分たちが使う化粧品や洋服も、すべて銀座でお店を決めて、いつも同じ店員さんから購入し、自分たちとお店の存在を印象づけていく。オープン直後には定休日にお店を開けて、銀座で働いている方や商売を営んでいる方をご招待し、ヘッドスパやメイクを無料でサービスしたり…。今では、地元の方はもちろん、その方々からの紹介客が増え、「お客様がお客様を連れてきてくれる」ことが毎日のように起きていますが、その発端になったアイデアもレセプショニストが発案したもの。私たちのサロンを新しい地元＝銀座に根付かせる土壌をつくってくれました。

お客様から求められている
新しいポジション＝レセプション

　以上の事例からもわかるように、20世紀の末に"カリスマ美容師ブーム"や"ヘアカラーブーム"を経験した、現在のお客様が美容室に求めているものは、単に質の高いヘアデザインや技術力だけではなく、心地よい空間での施術体験や配慮の行き届いたおもてなしといった、接客サービス業としての本質を問われ

るような内容にシフトしています。つまり、従来と同じ意識や感覚で美容室経営を続けていては、お客様の支持を失い、「選ばれるサロン」からは外れていってしまう——そんな厳しい状況が、すでに始まっているのです。ホテルやレストランなど、ハイクオリティな他のサービス産業と同列に並べられ、厳しい評価を受ける環境に取り囲まれた美容業界。しかし、そのジャッジから逃げることはできません。お客様の要望と正面から向き合い、努力と工夫を重ねてポジティブな評価を獲得していく。その"突破口"の1つとして、"第3の目"＝レセプションをサロン機能の1つとして根付かせ、育成していくことが必要であると、私たちは考えています。

　でも、そのためには、レセプションを受け入れる"環境"をサロン内、つまり組織の中につくっていく必要があります。思いつきで導入したり、スタッフの納得感や理解もないまま採用したとしても、レセプションというポジションがサロンに根付くことはむずかしいと思います。私たちの業界、特に美容室で働く人材としては新しいポジションであり、まだまだ実際には確立されていないのがレセプション。しかし、冒頭に説明したように、お客様の求めるものが変化し、そのハードルが確実に上がっている現在、このポジションをサロン内に根付かせられるかどうかは、自分たちのお店が発展するかどうかの「分かれ目」にもなり得ると、私たちは考えています。

Prologue レセプションの受け入れ環境を整える

まずはオーナーが覚悟を決め、"右腕"と価値観を共有する

　レセプションを初めて迎え入れるサロンにとって必要な準備は何でしょうか?

　何よりも大切なのは、受け入れる環境(迎え入れる態勢)を整えることです。

　そういった「環境」、あるいは「態勢」を整えるために、最初にすべきこと——それは、オーナーがお店のコンセプトや美容に対するスタンス、価値観といった、サロンの"核"に相当するものを自分自身で再確認し、レセプションが必要な理由を明確にすること。この"核"は、それぞれのお店にとってのルールの大本であり、言ってみれば憲法のようなもの。みんなが迷ったときに立ち戻り、再確認するものでもあります。したがって、これは決して、一つひとつのアクションについて言及するものではありません。また、この部分は欲張って多くの内容を求めず、2～3項目くらいを目安にしておきます。

　ただし、この"核"から絶対に外してはいけないものがあります。それは「お客様のため」、つまり「顧客発想」というスタンスです。

　また、レセプションを受け入れるときの状況をできるだけ具体的にイメージしておくことも大切です。これをしっかりやっておくことで、スタッフからの疑問や質問にブレることなく答えていけるようになるからです。

　言い換えれば、これはレセプションというポジションを導入することに対する、オーナーの「覚悟」と「決意」とも表現できます。

　それがハッキリと固まったら、次にオーナーをサポートしながら現場を仕切る立場のスタッフ、つまり店長やマネジャーといった"右腕"にその考えを伝え、レセプションというポジションに対する意識や価値観を共有していくことが必要になってきます。なぜなら、全員でレセプションの役割や必要性を議論するときや、実際にレセプションが入ってきたときのことを考えた場合、彼らのサポートやアシストがあるかないかによって大きな違いが出てくるからです。特に、レセプショニストにとっては、現場を仕切る店長やマネジャーが自分たちのポジションの役割を理解し、必要性を前向きに捉えているかどうかが、日々の仕事のしやすさや手応えを大きく左右するファクターになります。

　レセプションに対する価値観を店長やマネジャーと共有するには、できる限り仕事の「時間」

レセプション導入のフローチャート

下準備

❶ オーナーの覚悟 サロンの"核"を再確認し、レセプションが必要な理由を明確にする

POINT
- 顧客発想
- 受け入れ状況をイメージする

❷ "右腕"との価値観の共有

POINT
- 仕事の「時間」と「空間」をできるだけ共にする
- "あうんの呼吸"

着手

❸ レセプション業務についてスタッフ全員で議論する

POINT
- サロンとしてお客様のために
- みんなで意見とアイデアを出す
- レセプションにして欲しいことを箇条書きに

効果
- 守備範囲がハッキリしてくる

❹ 守備範囲の決め方

POINT
- 「優先順位と工夫」という視点

① お客様のために
② エキスパートとしての守備範囲
③ プロである美容師と、素人であるお客様のパイプ役

❺ 仕事をジョイントする発想

POINT
- 基準
- お客様が理解しやすい
- お客様にとって都合がいい

効果
お互いの専門性を尊重する空気ができてくる

導入

❻ 導入のタイミング

POINT
- 確認すべきこと
- 目標設定がハッキリしているか
- レセプションとお店の将来像が明確になっているか
- オーナーの覚悟・確信・皮膚感覚・思い切り
- 具体的な仕事を用意しておく
- 空き時間はオーナー自らOJT

と「空間」を共にし、濃密な関係を築いていくことが大切。いわゆる"あうんの呼吸"と言われる、お互いの気配を察して動く習慣や、言葉にしなくても意思を伝え合える関係性を構築していくことが欠かせません。

「サロンとして…」をベースに、スタッフ全員で議論を深める

　以上のような"下準備"を経て、いよいよスタッフ全員と、レセプションの役割や必要性などを共有するための、実際の導入に向けた環境づくりに着手していきます。具体的には、美容室のレセプション業務について全員で議論し、このポジションに対する認識や理解力を高めていくことはもちろん、現状の振り返りや、それらを踏まえたうえで、現場からの発想としての必要性を話し合っていきます。つまり、最初から整った理論や理屈を振りかざすのではなく、現場の実態を見つめ直しながら、それが「お客様(の居心地)にとって、どうなのか?」といった視点で議論を展開していくということです。

　このとき、気をつけなければいけないのは、レセプションの導入に対して「これからの流行りだから…」「いろいろなサロンが始めているから…」といった安易な理由をスタートラインにして議論するべきではないということです。当然ですが、サロンとしての方向性が明確でない状態で、「レセプションを入れれば、今の(厳しい)状況を打開できる」といった、あたかもミラクルを期待するような議論も避けるべきです。なぜなら、そのような都合のいい"奇跡"は絶対に起こり得ませんし、そういった発想でレセプションに多くの期待を託すことは、まったくのお門違いだと、私たちは考えているからです。

　スタッフ全員でのミーティングでは、あくまでも「サロンとしてお客様のために」という前提を確認しながら議論を進めていきます。とかく美容師、特に技術者は無意識のうちに「自分が担当するお客様にとって…」といった思考回路に陥りがち。しかし、お客様は素敵な担当者(美容師)に巡り会うための前提として、素敵な美容室を探しているのです。その"素敵な美容室"をテーマにして議論を重ね、「レセプションにして欲しいこと」や「レセプションがお客様にしてあげると喜ばれること」を各自が考え、意見を出し合いながら箇条書きにし、整理していく。みんなが意見を言い、いろいろなアイデアを出し合っていくことで、単なる会計係ではないレセプションのポジションが次第に明確になっていきます。つまり、あなたのお店にとってのレセプションの守備範囲が自然にハッキリしてくるのです。それは、レセプションというポジションの必要性を各自が自覚することでもあると同時に、(自分たちも含めた)スタッフの守備範囲を改めて認識し直すことにもつながっていきます。

「優先順位と工夫」という視点

　では、あなたのお店にとってのレセプションの守備範囲を決めていくとき、どのような視点で議論していくのがいいのでしょうか?

　その1つとして、私たちのサロンでは「優先順位と工夫」というポイントを意識しています。つまり、複数の業務が同時に発生したとき、どちらを優先することがお客様にとって心地よいのか。また、同時に発生した業務をスムーズに処理していくために、どんな工夫をすればいいのか。そういった視点を意識しながら議論を深めるようにしています。

　その理由としては、この意識を常に反芻しながら話し合っていくことで、自分たちのサロンにとって「よりよい守備範囲」が見えてくることが多いからです。逆に言えば、こういった考えが薄かったり、サロンとしての"核"であるコンセプトやスタンス、価値観が曖昧なままであると、レセプションが本当にやるべきこと、やってもらいたいことにブレが生じ、結果としてレセプショニストの仕事が雑務化、雑用化していってしまうからです。要するに「アレもコレも…」といったメカニズムに陥り、結局はみんなにとって面倒なこと、億劫なことをレセプションに押しつける…といった状況になっていってしまうのです。

　ちなみに、レセプションの業務に関して、私たちが「優先順位と工夫」という視点でミーティングするとき、その前提として各自が常に意識しているのは、①お客様のために　②エキスパートとしての守備範囲　③美容のプロである美容師と、素人であるお客様をつなぐパイプ役、というポイントです。

既存のスタッフとの
ジョイントも意識して

　美容師とレセプションの守備範囲をみんなで話し合って明確にし、互いがそれぞれのジャンルでエキスパートを目指していく——これが『EGO』の考え方です。こういった意識が根付き、美容師とレセプショニストがお互いにエキスパートとして尊重し合って組織の中で同列に位置付けられれば、プロとしての専門性を無理なく発揮し、お客様に質の高いヘアスタイルとサービスを提供することができるようになっていく。つまり、文字通りサロンの"両輪"として、理想的なジョイントが実現されていくようになります。もちろん、そういったジョイントの発想も、「お客様が理解しやすい」とか「お客様にとって都合がいい」といったことが基準になっています。

　例えばスタイリング剤などの店販に関して、私たちのサロンでは、美容師とレセプショニストの守備範囲が明確になっています。

　サロンワークで使っている商材に関する知識は、もちろん美容師とレセプショニストの両者に

求められるものですが、実際にスタイリング剤をお客様に使用する場合、相手へのインフォメーションとして、美容師は使う量やタイミング、効果などをフロアで伝えていきます。しかし、その商材の価格や、街中のドラッグストアなどで売っている他の商品との違い、効果の比較などについては、レセプショニストがカウンターでお伝えすることが大半です。このように、両者の役割分担を明確にし、うまくジョイントしていくことで、商材に対するお客様の理解力が深まり、安心感や信頼感につながっていきます。

こういったジョイントが可能になるように、レセプショニストを実際に導入する前に、みんなで議論を深めながら、それぞれの守備範囲を明確にし、お互いの専門性を尊重する空気をつくり上げていく。そして、レセプショニストが入ってくるときには、決して雑用係ではなく、自分たちができないことをこなしてくれるプロフェッショナルといった意識を、スタッフ全員が無理なく持てる状態になっていることがポイントです。

それでは、実際にレセプショニストをサロンに迎え入れるタイミングは、どのように判断すべきなのでしょうか？

「目標設定」と「将来像」の整理がタイミングを判断する材料

まずは、レセプションの目標設定がハッキリしていること。そのうえで、自サロンのレセプショニストとお店自体の将来像を伝えること──この2つがポイントになると、私たちのサロンでは考えています。もちろん、各スタッフが歓迎の気持ちで迎え、個人単位でも親しく接していくことが欠かせません。

そして、最も大切なのはオーナーの「覚悟」と「確信」、言い換えれば「皮膚感覚」と「思い切り」です。つまり、スタッフ全員との議論を経て、みんなの理解力が高まってきた段階で、オーナー自身が必要だという確信を持てたとき──それが具体的にレセプショニストを導入していくタイミングだと思います。

そのタイミングを効果的に活かすためにも、レセプショニストが具体的にやるべきことを、業務として用意しておくべきですし、空き時間の使い方も具体的に決めておくべき。最も適してい

るのは、オーナー自らが行うOJTです。営業時間中に、お店が稼働しているからこそ説明できることをマン・ツー・マンで伝えていく。決してスタッフに任せず、自分が直接行っていく。特に入店して3～6か月くらいは、店長やマネジャーといった"トレーナー役"に任せることは極力せず、ダイレクトにOJTをやっていくことが大切。そのためには、レセプショニストにすぐに理解してもらいたい項目や内容を整理し、用意しておくことも必要です。その内容は、大半が現場のことであり、サロンの実態についてです。

　また、この段階から、自身が美容業界で働く一員であり、腰掛けのOL感覚で働いてもらってはいけないことを相手に説明し、覚悟してもらうよう促します。

ルールに血を通わせることが、受け入れ環境の形成につながる

　レセプショニストの導入は、実際には1人からのケースが大半だと思います。私たちが考えている理想は、あくまでも複数ですが、経営的な負担を考えると、必ず最初から複数体制で…と言いにくい状況が想像できるからです。

　また、1人体制の場合、この本で解説する「勤務体制」や「待遇」が、最初から実現できるわけではありません。そういった事情を率直に説明し、状況が不十分な今からでもエネルギーを傾けていくことに値する将来があることを具体的に伝え、レセプショニストのヤル気や心を折らないようにすることが大切です。

　そして、最も大切なこと――。

　それは、オーナーを筆頭に、スタッフ一人ひとりがレセプショニストの守備範囲である業務を、積極的に依頼していくこと。特に技術者は、自分の"右腕"として前向きに仕事をジョイントさせ、連携した仕事に対する感謝の気持ちを具体的なアクションで示していく。こういった行動が積み重ねられていくことにより、導入する前にみんなで議論し、決めたルールに血が通っていくようになっていくのです。入ったばかりのレセプショニストからしてみれば、多少、冷や汗をかいたとしても、自分が頼りにされている感覚、仕事を任せてもらっている感覚という、本当に必要とされている実感を持つことが、組織の1人として融け込んでいるという感覚につながっていきます。

　つまり、一緒に働くスタッフ全員が"仲間"として受け入れ、業務だけでなく、個人としての心の在り方にまで気を配れるような空気ができ上がっているかどうか――。

　レセプショニストを迎え入れる環境を整えることは、オーナーの覚悟はもちろん、最終的には、各スタッフがレセプショニストを仲間として受け入れる意識を持ち得ているかどうかにかかっていると言えるのです。

Chapter 1

"第3の目"が
サロンサービスの
クオリティを上げる

- 「上手ければ来る」時代は終わり!?
- 「売れない」理由
- "第3の目"にサロンはどう映っている?
- お客様が望んでいるサービスとは?
- 「予想外価値」とは?
- "第3の目"の効果とは?
- これからの美容室に求められる「性能」と「効能」とは?

Reception Navi

21世紀を生き抜く美容室には、質の高いヘアスタイルと同じくらい、心地よい体験を"売る"ことが重要

「上手ければ来る」時代は終わり!?

みなさん、お店の経営は順調でしょうか？

厚生労働省の発表によると、2008年3月末現在、日本全国には約22万軒の美容室があります。ここ数年、美容業界の不況が叫ばれているにもかかわらず、サロンの数は相変わらず増え続けているのです。

一方、日本の人口は数年前から、急速な少子高齢化の流れによって減少に転じています。

お店の数が増え、お客様の数は減っている——つまり、21世紀を迎えた日本の美容業界は、サロン数と消費者数のバランスが変わったことにより、激戦の様相を呈してきているのです。"激戦"になれば、サロンに対するお客様の見極めもシビアになります。そういった状況の中では、以前なら"常識"だった、「提供するデザインと技術が上手ければお客様は来る」という認識は20世紀型の古い考えであり、今や幻想になりつつあります。

大前提としてここで確認しておきたいのは、もちろんプロの美容師として、あるいはお客様にヘアデザインを提供する美容室として、技術やデザイン力を磨いていくことは当然であるということ。しかし、それを踏まえたうえで、現在、そしてこれからの時代は、デザインや技術だけでは、確実にお客様の支持を得られにくくなっていく、ということです。

では、これからの美容室に必要なもの——。それは、端的に言えば、磨き込んだデザイン力や技術をお客様に効果的に渡していく環境、サロンワークというスタッフのパフォーマンスが最大限に発揮できる環境です。言い換えれば、それはヘアデザインという「商品」を魅力的に見せ、心地よく受け取ってもらうために必要な「環境」を整えていくこと。お客様はヘアスタイルという物質的なものだけでなく、きめ細かい接客や、スタッフのおもてなしがつくり出す空気感や雰囲気といった居心地のよさも、サロンに求めているということです。

「売れない」理由

　それでは、お客様が求めている美容室とは、どんな空間なのでしょうか？

　近年、全国のサロン現場で、お客様がヘアデザインを「気に入った」と言ってくれたにもかかわらず、再来店してくれない…、そういった現象が頻繁に起きています。この場合の「気に入った」というお客様の言葉は、決してウソではありません。確かにヘアスタイルは気に入ってくれたのです。でも、何らかの理由で、再び来たいとは思わなかった…。

　では、お客様が再び「来る」のか「来ない」のかを本音の部分で判断させた要素は何だったのでしょうか？

　ズバリ、それはサロンの居心地です。具体的には、お客様がお店に滞在している間、どのように扱ってもらい、どのような気分で過ごせたか——これが判断基準の1つとして大きな影響を与えているのです。

　ただし、この"判断基準"の背景には、プロの美容師としての技術力やデザイン力、加えてスタッフ一人ひとりの人間力があるのが前提。また、サロンの店構えや設備に売れない理由があるのではないということを、ここで再確認しておいて欲しいのです。

　美容室の営業には、接客サービスの要素がたくさん含まれています。サービス業的な性格を色濃く備えている以上、ヘアスタイルという物質的なものだけを提供すればOKという考えは、もはや成立しません。なぜなら、相手はデリケートに移ろっていく気分や感情を持つ「人」であり、決して体温を持たない「物」ではないからです。そういった、気分や感情に支配されている「人」を満足させるためには、質の高いヘアと同時に、心地よい体験を提供していかなければならないのです。

　実際、私たちのサロンでアンケートを取ってみたところ、技術やヘアデザイン以外の部分に関する声が、予想以上に多く寄せられたことに驚きました。それは、例えば「受付の対応がいい」とか「お店の雰囲気がいい」「予約のときに話したことがきちんと伝わっている」「お店にいる間中、常に気を配ってくれる」といった、お客様の居心地に関する意見や回答が大半を占めているのです。

　しかし、こういったお客様からの嬉しい評価を、私たちのサロンが最初から受けていたわけではありません。実際には、お客様と同じ感覚を持つ第三者の目でサロンを観察し、そこか

ら浮かび上がってきた課題を一つひとつ解決していく工夫を続けてきたことで、少しずつ得てきた評価なのです。その第三者の目、言い換えれば"第3の目"を持つ存在がレセプションであり、私たちのサロンでは、「安心感」や「信頼感」といったお客様の居心地にかかわるサービスを進化させていく役割を、このポジションが担っているのです。

"第3の目"に
サロンはどう映っている?

では、お客様に非常に近い感覚を持つ"第3の目"、つまりレセプションには、サロンはどのように映っているのでしょうか?

美容室に来るお客様は、日常生活の中でさまざまな場所に行き、さまざまな空間で、さまざまなサービスを体験しています。ホテル、レストラン、ブティック、カフェ、エステ…。オシャレで心地よい空間とサービスを「日常のこと」として楽しみ、要望のハードルが無意識のうちに上がっているのが、現代の女性たち。そういった状況の中では、美容室も他のサービス業と同様、ライフスタイルと共に変化していく彼女たちの要望や感覚を無視することはできないのです。

しかし、実際には、大半の美容室が、他のサービス業と比較しながら取り組む改善意識が薄く、「近くのサロンと比べて…」といった、狭い視野しか持っていません。その結果、お客様の要望を、まだまだすくい切れていないのが現状。でも、そこにこそお客様の支持を高めていくヒントがあるのです。

そうは言っても、そういったポイントを拾い上げ、ピントの合った対策を立てていくのは、美容師にはむずかしいのが現実。つまり、どうしても視野が狭くなってしまいがちな美容師だけの発想や感覚では、いろいろな場所でさまざまなサービスを受けているお客様のライフスタイルや日常の行動を把握し、要望の変化を的確に捉え、サロンに反映させていくには十分とは言えないのです。と言うのも、お客様は、長い間サロンで仕事をしている美容師にとっては当たり前になっていることに疑問を持ったり、不安を感じたりしているから。そういった、"素人"の感覚をしっかり受け取り、理解したうえでサロンを改善していくのがレセプションであり、"第3の目"なのです。

実際、美容室のサービスについて、私たちのレセプショニストは「少しカジュアル過ぎる」「肝心なときに気が回っていない」「ちょっとルーズなときがある」「気にすべきポイントがズレている」「美容師にとっての"当たり前"の感覚がしみ着き、無頓着になっている部分がある」などといった、やや辛辣な感想を持っています。そういう美容師とは異なる感覚、一般の人に近い感覚を尊重し、サロンのサービスを改善していかなければ、お客様をしっかり掴み、長いお付き合いをしていける関係を築くことはむずかしい。これからの時代は、技術やデザイン力をブラッシュアップすることはもちろん、それらと同じくら

いのエネルギーを割いて、お客様にとっての居心地をレベルアップさせていくことが絶対に欠かせません。そこに、"第3の目"の必要性があるのです。

ただ、ここで説明している、お客様の居心地をレベルアップさせる努力とは、決して相手の言いなりになるということではありません。ましてや必要以上に"おべっか"を使うことでもない。サロン内での主導権は、あくまでも美容師、そして美容室側にあるのです。それをハッキリさせることこそが、お客様に長く来ていただくコツ、ポイントだと、私たちは考えています。つまり、お客様の言いなりになって、相手に物足りなさを感じさせてしまわないためにも、プロとして正しい主張や提案をきちんと行っていくべきですし、そのアクションが、結果的にお客様にとっての利益や心地よさにつながっていくと、私たちのサロンでは考えているからです。

お客様が望んでいるサービスとは？

スタッフの挨拶がしっかりしていて、フロアが清潔で、ときにはタイムリーなDMが自宅に届く——みなさんのサロンでは、これらのことがしっかり行われているでしょうか？

これらは現在、美容室にとっては当たり前のことであり、仮に完璧にクリアされていたとしても、お店の評価を上げることには大きく寄与しません。これからのサロン経営には、もう一歩前に進んだ発想と、レベルの高いサービスが必要とされているのです。

それは、言い換えると「毎回が勝負」だということ。来店したお客様には毎回、心地よい印象と後味を与え続けなければいけないということです。そのくらいシビアにサロンを見極めているのが現代の消費者であり、仮に今回、完璧ではない部分があったから次回は改善して…と努力したとしても、その「改善した部分」を同じお客様にアピールする「次回」というチャンスが、非常に少なくなっているというのが現実です。ということは、常に心地よい印象や後味を与えるための準備を整えておかなければならないということであり、そのためのポイントを引き出していくためにも、"第3の目"がサロン内で機能することが重要になっているのです。

ところで、お客様に提供するサービスには、どんな基準があるとお考えでしょうか？

私たちのサロンでは、基準を以下の4つに分けて考えています。

1. 基本価値
2. 期待価値
3. 願望価値
4. 予想外価値

詳しくは21ページの表をご参照いただければと思いますが、従来のスタンダードとは異なる3と4、特に4の「予想外価値」を生み出す努力を続け、それを安定して提供することができなければ、他店との差別化はむずかしいのが現実。つまり、お客様に常に選んでもらい、通い続けてもらえなくなるのです。

「予想外価値」とは？

　「期待や願望のレベルを超えて、思いがけないサービスを提供され、喜びと感動を与えてくれる価値」と説明されている「予想外価値」——これをお客様に提供し続けることが、他店との差別化になることは、直前でお伝えしました。しかし、ここで補足しておきたいのは、この価値の内容が決して奇をてらった"サプライズ"ではないということです。

　美容室ならば、当然のこととして行っているサービス。でも、そのレベルがお客様の予想を超えていたからこそ、心から喜んでいただけたり、ときには感動してもらえる…。サロンにおけるサービスを、そんなレベルまで高めていければ、質の高いヘアデザインと技術が、お客様にとって何倍も魅力的なものになり、心地よい体験につながっていく——。

　サロンのサービスを進化させていくこととは、目新しい内容や、物珍しい内容を提供していくことではありません。

　現在行っていることを着実に改善し、レベルアップさせていくことだと、私たちのサロンでは捉えています。

　しかし、そのためには従来のような"美容師発想"だけではダメ。「願望価値」や「予想外価値」といった「新スタンダード」を整備していくためには、元来、そういう価値観を持っている"第3の目"がサロンの中に存在しないと、実現することはむずかしいのです。

"第3の目"の効果とは？

　では、私たちのサロンにとって、"第3の目"であるレセプションを置くことの効果は、どんなところで発揮されているのでしょうか？

　サロンサービスのレベルアップという側面から見たとき、美容師がお客様を担当しながらでは「無理」だったり、「不可能」なことが必ずあります。例えば、お客様の髪を切っている最中に予約の電話を受けたり、他のお客様の会計を担当することは、最も日常的に発生する「無理」な場面でしょう。これらの仕事を今までと同じ発想で、手の空いている人やアシスタントにまかせたままでは、お客様に対するサービスのレベルは上がらないだけでなく、さまざまなミスやトラブルが起こる確率が増したままです。また技術者は、他のお客様に比べ、どうしても自分のお客様を優遇したり、ていねいに扱ったりしがち。サロン全体をニュートラルな立場で観察し、すべてのお客様に平等に接していくことはむずかしいのが現実です。なぜなら、元来、人間は無意識のうちに、自分と強くつながっている相手を重視する…という心理が働いてしまうからです。

　お客様のこだわりをすくい上げたり、不安を解消していくという、別のアングルから見たときも、"第3の目"の存在は、サロンで大きな効果を発揮します。

　例えば、電話予約のときに伝えられていた「こだわり」や「不安」を、来店したお客様を迎

お客様に提供するサービスの4つの価値基準

❶	基本価値	最低限のニーズを満たす絶対不可欠な価値	従来のスタンダード
❷	期待価値	顧客が当然期待している価値	従来のスタンダード
❸	願望価値	顧客は必ずしも提供されることを期待していないが、もし、あれば高い評価	新スタンダード
❹	予想外価値	期待や願望のレベルを超えて、思いがけないサービスを提供され、喜びと感動を与えてくれる価値	新スタンダード

出典：近藤昭一 著『京王プラザホテル「感動サービス」の技術』(ぱる出版)

えるレセプションが声かけしながら確認していくことで、相手は「わかってくれている」という安心感を抱くと同時に、不安が消えていきます。お客様が抱く、そういったネガティブな要素は来店した直後にレセプションカウンターの場所で解消してあげるのがベスト。しかし、お客様のスタイルづくりと掛け持ちしながら予約や来店の受付をしている美容師に、そこまでの対応をする余裕はありません。そういった、美容師が掛け持ちで行っていくことが困難な仕事、具体的にはお客様に寄り添い、サポートしていくことに対する専門職がレセプション。今、お客様がサロンに求めているのは、この部分に対する満足感なのです。

ストレス社会と言われ、理不尽なクレームなどが話題になることも多々ある現代。以前とは比べものにならないくらいデリケートになっている、お客様の気分や感情をネガティブなものにさせないことが大切。それは、一般の人の目線に近い発想を持つレセプションが、サロン現場を見つめ、問題を指摘していくことで実現できます。また、そうすることで、サービスに関する議論を組織内で広げたり、深めたりしていくことができます。

サービスの「進化」は、そういったプロセスの中から生み出されていくもの。面倒に思っても、議論のときには楽しく感じないことでも、決して省いてはいけません。

お客様がサロンに来られたときに、実際に口には出さないけど、不思議に感じていること。でも、お客様の気分からすれば、ちょっと聞きにくいこと──それを代弁し、お客様の代わりとなって現場のスタッフに伝えていくのが"第3の目"。レセプションは、私たちのお店に来るお客様の「代表」なのです。

　お客様の立場からすれば、美容師と比較したとき、レセプションが自分たちに近い存在であることで、本音を吐き出すことができるし、伝えたことをリアルに理解してもらった感覚を持つことができる。ちょっと物足りなかったり、満足していないことがあったとしても、担当の美容師には言いづらいのが、大多数のお客様の心理なのです。

これからの美容室に求められる「性能」と「効能」とは？

　担当者の枠を越えて、平等にお客様の顔色や表情を見ることができるレセプション。また、来店時にすべてのお客様の表情を見ているからこそ、ちょっとした顔色の変化に気づくことができるポジションでもあります。しかし、美容師の場合、他のスタッフが担当しているお客様の小さな変化までは読み取ることはできません。だからこそ、"第3の目"の存在感を肌で感じることができ、このポジションを必要とする理由が明確になってくるのです。

　このことは「性能」と「効能」という言葉で説明できると思います。

　例えば、美容師がつくるヘアスタイルは、その人に似合い、魅力的に見せるという「性能」を備えていなければなりません。また、そのヘアを受け取ることによって、日常生活を快適に過ごせるという「効能」もなければいけません。

　同様のことは、"第3の目"であるレセプションの業務にも当てはまります。

　例えば、お客様に関する個別の情報を収集する「性能」と、それを伝えることによって、担当美容師がより深くお客様を理解し、要望に合致したヘアスタイルを提供していくことができるという「効能」。これからの時代、サロンに求められるのは「性能」だけでなく、「効能」の部分も大きいのです。

　しかし、デザインに対する指向が強い美容師は、とかく「性能」の方に意識が傾きがち。どうしても手薄になりがちな「効能」の部分をサポートし、アシストしていくのが"第3の目"なのです。

　また、単に仕上がったヘアスタイルだけでなく、仕上げるまでのプロセスという"体験"も、差別化のための大切な要素になっている現在、心地よい体験を「売る」という、まさにエクスペリエンス(＝体験)・マーケティング的な発想が大切になってきています。

　美容室の場合、そのカギを握るのがレセプション。"第3の目"であるこのポジションは、サロンのサービスを向上させていくキーパーソンとして、今後、重要性を増していくことは間違いありません。

Chapter 2
これからのサロンに必要なもの

- サロンをハリボテにしないために
- サロンのクオリティアップに不可欠な"第3の目"=レセプション
- 何をするかではなく、どんなサロンがするかが大切
- 「ヘアスタイル」と「サービス」の分業
- 理想はキレイなマーブル模様

INTERVIEW①
覚悟を決め、具体的なアクションで示していくことで、
必要性を伝えていく

Reception Navi

これからの美容室は、「ヘアスタイル」と「サービス」を各々のエキスパートが分業することが理想

サロンをハリボテにしないために

　みなさん、これからの美容室に必要なものって、いったい何でしょうか？ 1990年代の"ヘアカラーブーム"や"カリスマ美容師ブーム"が去って以来、私たちが身を置いている美容業界は厳しい状況が続いています。

　なぜなら、日本の社会全体が成熟し、お客様が美容室に求める内容や質が確実に変わってきている近年、「美容」を取り巻く環境も大きく変化しつつあるからです。

　でも、こんなときだからこそ、お客様に支持されるために、本当に必要なものを整理し、力をつけていこう——。そんな想いが強くなって、私たちなりに整理していきました。

　ちょうどその頃（2005年）、マンションの耐震偽装が大きな社会問題に。外見は素晴らしいのに、実はハリボテの建物だった…。そんなニュース報道を観ていて、「美容室にも似たようなことが起きているのではないか…」。ふとそう思い、自分たちのサロンにとって大切な要素をまとめてみたのが、この「サロン クオリティ マンション」です。ご覧になって、みなさんはどう感じたでしょうか？

　建物にとって最も大切な地盤の部分、やはりココには「モラル」「デザイン」「（ヘアスタイルの）再現性」が必要と考え、この3つを地下の部分に置きました。そして、地上には私たちのサロンが大切にしているものを1階から「値ごろ感」⇒2階「教育」⇒3階「スピード」と積み上げていき、現在、地下3階、地上6階の"マンション"になっています。

　このマンションとレセプショニストの業務がどこで、どのように結びつくのか——。それは高い階にある要素ほどレセプション業務、言い換えればサロンのサービス業務と深く結びつくということです。

　つまり、地下や地上の1階など（モラル、デザイン、再現性、値ごろ感）は、サロンにとっての"標準装備"の部分。少し乱暴な言い方をすれ

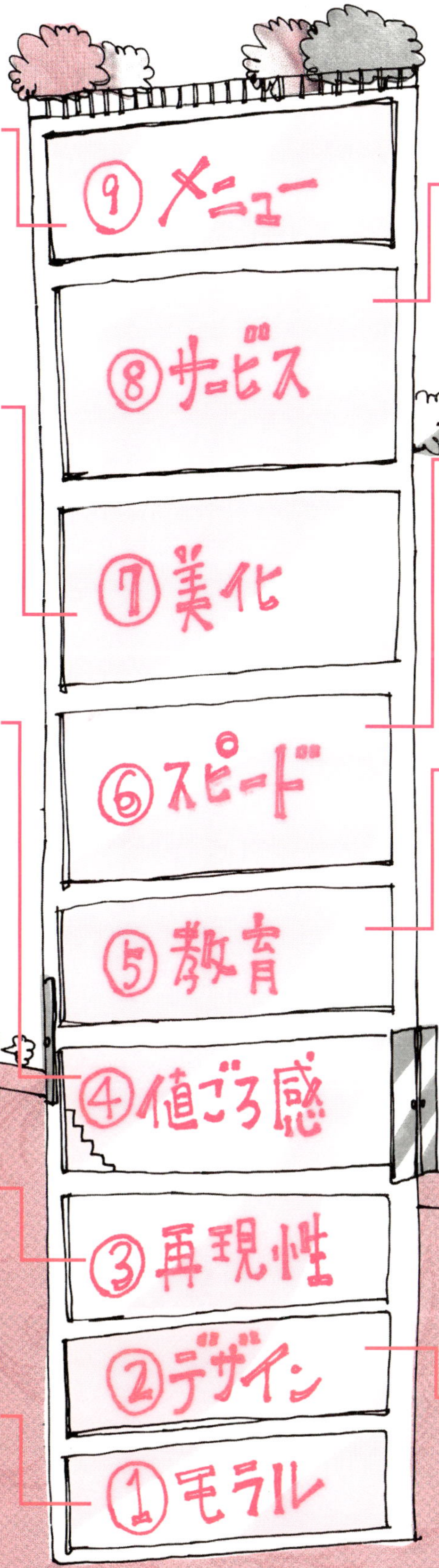

Chapter 2

仮に他のサロンと同じメニューだったとしても、どんな環境のサロンが行うかによって、お客様の支持は変わっていく。そのポイントは、①時代性 ②客層 ③サロンの方向性（どんな"美容"を提供していきたいのか）④ブランドのあり方など。それらを考慮したうえで、自分たちのサロンにとって本当に必要なもの、"らしさ"が発揮できるものを打ち出していく。その内容は「広げる」よりも「深める」という発想で。

⑨ メニュー

サービスには「プラス」と「マイナス」の両方の発想が大切。「プラス」は、例えば飲み物を出すとか、マッサージをするとか…。一方、「マイナス」は"不"の解消で、サロン内ではこちらが優先されるべき。具体的には「お客様が感じる不快・不安・不満などの解消」。それが達成されて初めて"心地よい空間"の提供が可能になる。当然、"下の階"である①〜⑦が整っているからこそコレが意味を持ち、機能する。

「美しい店内」は重要なサービスの1つ。サロン全体の完成度を上げるためにも、店内にある道具などは、すべてインテリアグッズのつもりで。備品のセンスや統一感、置いている本のラインナップ。さらには、それらのレイアウトにまで神経が行き届いているかどうか。単に「キレイ」にするのではなく、「磨き込む」ことが、お客様にとっての"心地よさ"につながる。同時にそれは、美容室にとっての"サービスの初歩"にもなる。

⑧ サービス

⑦ 美化

ヘアスタイルを安定供給するために必要なこと。1日の流れをイメージして、仕事を常にコンスタントにこなしていく。肝心なことは早く「切る」ことではなく、早く「仕上げる」こと。複数の施術をコントロールし、スムーズにこなすために、メニューのプロセス、仕事の進行を整理し、上手に組み合わせられるかどうかがポイント。質の高いヘアデザインをスピーディに提供するためには、カットなどの技術のスピードを上げる訓練を続けることが大切。

実際の値段よりも充実感を持つことができる。大切なのは、単に価格が「高い」とか「安い」ということではなく、お客様が納得して料金を支払う内容になっているかどうか。その「内容」とは技術、デザイン、メニューといったものではなく、お客様の気分や要望をすくい上げているかどうか。つまり、お客様に対する"もてなしの心"や"誠意"が相手に"値ごろ感"を与える。

⑥ スピード

「人の質」がサロンの質を決める。お店のインテリアは時間と共に古くなるし、どのサロンもメニューにはそれほど違いがない。肝心なのは仕事に対する姿勢やこだわり。それは言い換えればサロンの"流儀"。コレをスタッフに伝え、共有していく"共育"にエネルギーを割くことで、サロンとしての価値観が"風土"となり、ブレることなく育っていく。

⑤ 教育

④ 値ごろ感

本当の意味での「扱いやすさ」。お客様にデザインを気に入ってもらい、本人がその髪型に再現しようとする意識や意欲を持たせると同時に、仮にデザインへの関心が高くない人でも、簡単にまとめられるヘアスタイルであることが大切。さらには「デイリーとプラスアルファ」「プレーンとアレンジ」の2ウェイが可能なヘアを提供することも必要。

③ 再現性

やっぱり、ヘアスタイルが決まっていないと…。美容室は何を提供するところ？ 他のどの要素が備わっていたとしても、コレがしっかりしていなければサロンとして成立しない。「デザイン」とは、単なる外見の髪型を指すだけでなく、一人ひとりのお客様へのマッチング（似合わせ）や生活スタイルに対するフィット感も含まれる。そのためには、技術という"方法論"だけでなく、"感性"や"デザイン"を学ぶことも意識して。その積み重ねが、お客様にとっての"あなたでなければ…"という、美容師としての個性につながっていく。

② デザイン

社会人として当たり前のこと。それは「人を不快にさせない」こと。お客様の「感動」も「失望」も「モラル」という"基準"を境とする上と下にある。レセプション業務の1つとして大切な「お客様の不快・不安・不満を解消する」ことを達成していくためにも、レセプショニストは"モラルを売る"という意識を強く持たなければならない。接客業としての性格を色濃く持っている職業である以上、こういった意識や空気が感じられない人は、資質の部分からも採用すべきではない。

① モラル

ば、スタッフが社会人としての常識をわきまえていて、提供するヘアスタイルがそれなりの仕上がりであり、お客様が納得する値段ならば、最低限、美容室として成立する――ということです。

でも、それだけで、これからの時代を本当に生き抜いていけるのでしょうか？

実を言うと、これからお伝えしていくサロンの「サービス業務」や「レセプション業務」が効果を発揮していくマンションの高層階、具体的に説明すると、特に地上4～6階の部分によって、サロンの間に"差"がつくと考えています。なぜでしょうか？

サロンのクオリティアップに不可欠な"第3の目"＝レセプション

それは、美容室は"人の質"(ときにはその人と人が連携する"チームの質")以外では、真の差別化はできないと考えているからです。

地下の3つが"標準装備"としてあり、ヘアスタイルを提供したとき、お支払いいただく金額以上の充実感、つまり「値ごろ感」をお客様が抱くとしたら、それは何に対してでしょうか？

それは「スタッフの誠意」だと、私たちは考えています。支払う価格に対して「ここまでやってくれる」という満足感、それは真に相手のことを考え、相手の立場で発想していく気配りやアクションによって達成できることであり、従来発想のマニュアルではすくい上げることのできない部分です。

例えば、マンションの3階に当たる「スピード」に関してはどうでしょうか？

忙しいときも余裕があるときも、質の高いヘアスタイルを安定して供給していくことが求められている現在、決して欠かせないもの。それがスピードです。

これを達成していくには、サロン内の"第3の目"であるレセプションが収集してくれる、お客様の"事前情報"が大きく影響します。

また、例えばお客様にお出しする飲み物でも、種類の豊富さが大切なのではなく、清潔なカップとソーサーをきちんとセットし、持ち手の部分やスプーンをキレイに揃えて出す意識が大切ですし、ヘッドスパの場合なら、お客様の肌に触れるタオルがゴワゴワしていないか…などといった、受け手の立場で発想した細かな気配りが最も大切なポイントだったりします。

その他、個人的にはサービスの初歩だと思っている「美化」に関してもそう。

どうしても技術やデザインの方に意識が傾いてしまう美容師ではなく、フロア全体を冷静に見つめ、バランスのとれた状態を維持する人、あるいは、お客様の満足度を最優先して考える人として、レセプションが大きな存在感を発揮します。

このように、それぞれの項目にこだわりを持ち、極めながら積み重ねていくことで、お客様を迎える「空間としての完成度」という視点からもサロンの質は向上していくと、私たちは考えています。

何をするかではなく、
どんなサロンがするかが大切

　では、なぜ「サービス」と「メニュー」を上の階に置いたのでしょうか？

　読者のみなさんの中には1階や2階に置こうとする人も多いのではないかと思います。実を言うと、セミナーなどで質問される内容が、ここに関することばかり…。そこに私たちは強い違和感を持つからです。

　例えば、私たちのサロンは数年前からヘッドスパをメニューに入れていますが、セミナーで聞かれることは「導入が成功したポイント」についてばかりですし、サービスに関しても、参加者が興味を持つことは「どんなサービスで売り上げが伸びているか」といった類の内容ばかりです。

　でも、肝心なのは、どんなメニューやサービスをするかではなく、どういった"環境"が揃っているサロンがするかです。つまり、評判の新メニューや注目度の高いサービスを取り入れたところで、それを効果的に提供する"条件"がサロンに揃っていなければ、それは無意味なものになってしまうということ。その"条件"とはズバリ、人の質であり、私たちのサロンを例に説明すれば「レセプションの質と存在」ということになります。

「ヘアスタイル」と「サービス」の分業

　成熟化した社会の中で、これからの美容室の在り方を考えたとき、私たちは「ヘアスタイル」と「サービス」をそれぞれのエキスパートが分業し、お客様に提供していくことが理想だと考えています。事実、そういった業態が当たり前になっている業種もあります。

　ただ、振り返ってみると美容業界の場合、今までは美容師が職人的な意識によって追求してきた技術の成熟化や、ヘアスタイルの進化が、そのままサロンのクオリティアップだとする考えが支配的でした。しかし、そういった考えの代償として、「サロン全体でお客様に喜んでいただく」という意識が遅れがちになってしまったことも事実。言い換えると、美容室を構成する「メニュー」「ヘアデザイン」「技術」「サービス」「空間」といった要素が、横軸として1つにつながらず、バラバラの状態が続いていたということです。その結果、美容師がこだわりや情熱を持って取り組んできたものと、お客様が満足感を抱く

ものの間の"ズレ"が大きくなってしまった。だから、お客様が帰るときに「気に入ったわ」と言ってくれたのに、次に来店しない…という状況が頻繁に起きているのです。美容師側からすれば「あんなに気に入ってくれたのに、何で来ないの？」と思うわけですが、それは美容師が意識している"満足"と、お客様が欲しい"満足"に、ズレが生じてきているからです。

　そういった事態を可能な限り解消していくためにも、ヘアスタイルとサービスを提供するスタッフを分ける。仮に、美容師がお客様とのコミュニケーションで多少、ギクシャクしたとしても、サービスを担当する美容師以外のスタッフがフォローアップしていく。役割の違う複数のスタッフが対応していくことで、1人の人間（担当美容師）の気分やモチベーション、あるいは体調などに左右され過ぎることなく、「美容室」という空間の最低限のクオリティを安定させることができる。言い換えれば、お客様に対する各スタッフの影響力を分散させ、チームで対応していくことで、サロンの質を安定させていくことができるということです。その、美容師以外の人間が"第3の目"であり、私たちのサロンの場合、レセプションなのです。

理想はキレイなマーブル模様

　もう1つ、サロンで大切にしているのは"共通語"です。美容師である私（吉田）とスタイリストやアシスタントは、最終的には「デザイン」という"言葉"で会話ができると思っています。しかし、技術職でないレセプションとは、そういったコミュニケーションは成立しません。サロンのサービスアップを担当するレセプションと美容師の間に必要な"共通語"、それは「お客様のために」というフレーズです。

　では、経営者、フロアスタッフである美容師、そしてレセプションの三者に必要な"言葉"は何でしょうか？

　それは「（お客様にお店を）永く愛してもらう」というフレーズ、つまり、私たちのサロンの基本コンセプトと共通する内容です。

　本来、仕事の性質が違う美容師とレセプションの意識は、1つに交わることはありません。

　でも、だからこそレセプションは美容室にとって重要な存在なのです。技術職である美容師には完璧にやり切ることができないデリケートな部分を的確にフォローし、お客様を惹きつけていく存在——。仮に美容師がコーヒーで、レセプションがミルクなのだとしたら、両者が完全に交じり合ったカフェオレになることが理想なのではなく、それぞれが独自性を発揮しながら寄り添い、キレイなマーブル状の模様を描く…そんな状態がサロンにとって理想だと、私たちは考えています。

　マンションの高層階の質を上げていくために、地盤の部分から一つひとつ極めていく。それはレセプションとの共同作業に他なりません。これからの時代、お客様の支持を確かなものにしていくためにも、マンションの地上階の部分で、

"第3の目"=レセプションを高度に機能させることが必要です。

　そして、最も大切なこと――。

　それは、美容師以外の"第3の目"を「サロンの都合のため」に置くのか、それとも「お客様のため」に置くのかという根本的な考え方についてです。これは、オーナーの考えによって決まります。もし、美容師目線による働きやすさを優先する発想であるのならば、それは「サロンの都合のため」であり、お客様の支持は得られにくくなるでしょう。

　大切なのは、あくまでも「お客様のために」という考えを前提とした「お客様目線」であり、スタッフの働きやすさに関しては、プロフェッショナルとして現場で工夫していくべき、別次元の問題です。

　例えば、お客様目線で捉えた場合、ヘアスタイルは仕上がりだけを楽しむものではなく、つくっていくプロセスも楽しみたいものです。だからこそ、カラー剤の塗布やワインディング、さらには放置時間などもできるだけ心地よく、スタイルをつくるプロセスをワクワクした気分で体験できるよう気を配り、改善していくべきなのです。

　つまり、仮に、お客様に提供する内容が結果的に同じだったとしても、サロンの都合をベースに発想するのか、それともお客様のためを考えて発想するのかによって、実際にサービスを提供する段階に至るまでのプロセスが変わってくるということです。

　こういった考え方をサロンの"風土"として定着させていくためにも、スタッフが"マーブル模様"であることが意味を持ってきます。それは、サロンにいるみんなが同じ意識と発想でお客様に接するのではなく、立場や役割にしたがって異なる見方や、感じ取り方をしながら、常に「お客様のために」というスタンスでサロンワークに取り組んでいくということです。役割によって異なる見方や、感じ取り方をするわけですから、当然、意見の対立も生まれます。しかし、その対立する意見をテーマに、接客について議論していくことで、サロンサービスの質を高めていくことができますし、知らず知らずのうちに自分たちの都合に引き寄せてしまいがちな仕事のしかたを常にチェックし、「お客様のために」というスタンスに引き戻していくことができる。私たちのサロンでも、そういった議論はミーティングで日常的に行われています。

INTERVIEW ①

覚悟を決め、具体的なアクションで示していくことで、必要性を伝えていく

美容業界ではまだ、その必要性がしっかり認知されていないレセプション。しかし、お客様の要望を満たし、長くお付き合いしていくサロンになるためには、欠かせないポジションであることは間違いない。そういった"必要性"を吉田さんは、どのようにしてスタッフに伝えていったのか。インタビューした。

必要なポジションだからこそ、腹を括ってつくらなければいけない

——レセプションというポジションに対するスタッフの理解や納得は、どのようにして得ていったのですか。

吉田 レセプションが機能していないサロンで働いていたスタッフは、すぐにはその重要性を理解しにくいと思うんですよ。だから、レセプショニスト本人の努力も絶対に必要で、例えば美容の知識を積極的に学んでいかなければいけないんです。つまり、嫌でも相手を納得させる実力を、レセプションにつけてもらう必要がある。

それから最初のうちは特に、ボスがガツンとインパクトを与えることも大切ですよね。

僕の場合、それは新しく入社してくる人たちにも「レセプションは『EGO』にとって必要不可欠なポジションなんだ」と熱弁していたし、自分にとっては"当たり前"のことでしたから、半ば強制的に、受け止めさせていましたね。それは、今、振り返ると、理路整然としたやり方というよりは、むしろ、情熱というか、見方によっては意固地なくらいの決意みたいな、"気迫"にも近い感覚で伝えていました。

と言うのも、レセプションはまだ、この業界に明確なポジションとして定着していないわけですから、それをスタッフに納得させるためには、オーナーである僕の考えやスタンスが少しでも揺らいでしまってはダメなんですよ。ほんの少しでも、そういう部分を感じ取られてしまったら、「別に必要ないんじゃないの…」と思われてしまう。そういった緊張感や危機感が、僕の気持ちをピンと張ったものにしていました。当時を振り返ると、まさに、腹の括りというか、覚悟がオーナーには必要だったということですね。

あえて大袈裟なアクションを起こし、みんなを驚かせたことも

吉田 また、それと同様に、オーナー自身がレセプションに対する熱意を、営業や教育などの場面

で見せる必要があるんですよ。

――なるほど。では、具体的には、どのようにして伝えていったんですか？

吉田 例えば僕は最初の頃、レセプションカウンターの周りにロープを張ったり、ブロックを置いたりして、「ここから出るな！」と。でも、やっぱり最初は、手が空いているときに気を遣って、受付スペースから出て、ロッドアウトや床掃きなどの作業を手伝ったりしようとしちゃうんですよ。だけど、僕はそのときに「レセプションはそういう仕事じゃないんだ！」って、うんとオーバーアクションしながら吼えたりして…。みんなを驚かせたわけだけど、それはスタッフに理解してもらいたかったからなんですよ。だからこそ、大して声を荒げる必要がないことに対しても「何やってるんだァー！」って。

でも、そうすることでスタッフもレセプションの仕事の意味を理解していくし、仮に僕がいないときでも「いや、ボスに怒られるから、ちゃんとレセプションのスペースに入っていてよ…」と、みんなの意識や行動も変化していく。

また、ときには故意にまとまった休みを取らせて、例えばカルテの整理や管理など、レセプショニストがいないことで起こる不都合を肌で感じさせ、存在感を認めさせたり…。

やっぱり、今まで"必要ないもの"だと思われていたポジションだからこそ真剣につくっていかなければいけないし、その考えはお客様に対してだけでなく、スタッフに対しても同じだと思うんですね。「オレはこのポジションをこんなに重要視しているし、これだけサロンワークにいい影響があって、みんなのお客様をこんなにフォローしているんだよ」ということを知らせるためには、オーナーである僕自身が真剣に取り組んで、真剣に自分なりの理屈や理由をつくっていかないと、絶対にわかってもらえません。

だから朝礼や終礼、あるいはミーティングといった場面でレセプションには、その日の反省やコメントを僕の次に言わせている。普通の順番だったら店長なのかもしれないけど、あえて彼女たちに…。それから僕が行うセミナーなど、レセプションには関係ない技術的な内容のものでも、必ず同行させて価値観の共有を意識しているし、僕の秘書的な部分を見せることによって、レセプションというポジションの存在感を高めるようにしています。

――確かに、ミーティングなどでレセプションの視点からの意見が出れば、きっとそれは他のスタッフとは違った、全体を俯瞰した見方をしているはずでしょうから、結構「あっ、あのときそんな状況だったんだ…」と感じることが多いでしょうね。

美容室には
美容師以外のスタッフが必要

吉田 それはオーナーの僕ですらあります。だから、終礼のときなどにレセプションが全体を見渡した意見を発言したりすると、まさに真骨頂だなって感じるんです。

　そんなときに僕が実感するのは、美容室には美容師以外の人間がいた方がいいなということ。一般の会社って、営業がいたり企画がいたり、総務部があったり人事部があったりして、1つの組織の中にいろいろな考え方をする人がいる。でも、今までの美容室の大半は、全員が美容師だから、同じ思考回路になりがちだったんですね。そこに美容師以外の人間がいれば、何かを考えるにしても、収集してくる情報の内容にしても、あるいはモノの見方にしても、多角的になっていろいろと広がりますからね。

——美容師だけの見方で固まってしまわないように、組織として意識するということですね。

吉田 はい。ただし、最初のうちは、レセプションの仕事を焦って広げるのではなく、予約などの電話応対、ご来店の際の対応、お会計といった基本的な業務を完璧にこなせるようになることが重要だと思います。それらを、どれだけこなせるかによって、レセプションの存在感が認められる気運がスタッフの間に生まれてくると思いますから。

　例えば、予約を上手に取ることなら、空いているから入れる、埋まっているから断るという紋切り型の判断をするレベルではなく、仮に入らない状態なのだとしたら、お客様に別の日や時間帯を提案して、なるべく先まで予約を入れていけば、技術者も安心ですよね。そういう"機転"を利かせられるようになることが、組織の中での信頼感につながっていきますから。そういった仕事ぶりを身につけていくことが、まずは先決ですね。

意図的に"活躍の場"をつくる

吉田 その他にも、レセプションの心を折らせないためにも、最初のうちは意図的に"活躍の場"をつくってあげる工夫が必要です。

　例えば、メーカーやディーラーなど、業界の人たちとの窓口としての仕事をさせたり、店内でカットのコンテストをやるときには、"一般の目代表"としてスタイルの批評をさせたり。あるいはオーナーのスケジュール管理をさせたり、お客様のメイクやネイルを整える仕事をさせたり…。そういうことを、あえてスタッフに見えるように、あるいは聞こえるように意識しながら指示していく。そういうアクションが、スタッフに"大切なポジション"として認識させていくことにつながっていきます。ときには、DMやメールなどで外部の人に"第3の目"の大切さを伝え、レセプションに対する周りの認識を上げていくように仕組んだりしてね(笑)。サロンの中だけでなく、外側にもそういう状況をつくって、レセプションの価値を理解できないスタッフには、「キミたちの考え方が遅れているんだよ」と感じさせるように仕向けていくことも、実際にやりましたね。

Chapter 3
サロンサービスの整理(1)

- 大切なのは役割の明確化
- 「環境品質」という"守備範囲"

　　インテリア化／提案と解消／全方位＝360°の気配り／

　　経験と学習による進化／血の通った個別対応／

　　相手を"感じる"こと／"商人的"もてなし感覚

INTERVIEW②
目指したいサロンのイメージをしっかり持ち、発展的に考えていく

"第3の目"＝レセプションの役割は、「接客」という「環境品質」を高めていくこと

大切なのは役割の明確化

　サロンにおけるレセプションの機能を高め、存在感を確かなものにしていくためには、何が必要でしょうか？

　それは「役割の明確化」だと、私たちは考えています。言葉を換えれば、美容師とレセプションの"守備範囲"をハッキリさせ、お互いの存在意義を認め合っていくこと。双方の仕事をリスペクトし合うことです。

　では、具体的にレセプションの"守備範囲"とは、いったい何を指すのでしょうか？

　それは、サロンの「環境品質」を高めていく業務のことだと考えています。

　私たちのサロンでは、美容師が提供するヘアデザインや技術を「商品」、サロンのインテリアや設備、さらにはレセプションが提供するサービスや気配りなどの接客を「環境」と置き、両方の側面からサロンワークのレベルアップを図っています。

　サロンの営業をこのように捉えると、環境の品質を高めていくことが、レセプションの役割だということが明確になります。ここで言う「環境品質」はズバリ、「接客」というソフトの部分です。そういった考えをベースに、サロンワークの中でレセプショニストの仕事を観察しながら整理したものが次のページの図です。ここに並べられている7つのキーワードは、美容室のレセプショニストが常に意識し、改善を継続していくことによってレベルアップさせていくべき内容です。この章では、以下にそれぞれの解説をしていきます。

「環境品質」という"守備範囲"

1. インテリア化

　私たちのサロンでは、お客様の髪を整えるフロアを"ファクトリー"(工場)と位置づけています。それに対し、レセプションは"ギャラリー"(展示スペース)と位置づけ、単に清潔に整っている

商品品質と環境品質

```
お客様満足

7  "商人的" もてなし感覚
6  相手を "感じる" こと
1  インテリア化
5  血の通った個別対応
2  提案と解消
4  経験と学習による進化
3  全方位＝360°の気配り

[中央]
感じ取る力
高品質をスピーディに提供するキャパシティ
創造力＆想像力
「したくなる」＆「しやすい」の再現性
表現を可能にする技術
輝かせるための "似合わせ"
オリジナルの "らしさ"
日常に寄り添った提案

商品品質 ／ 環境品質
```

だけでなく、モノの置き方＝レイアウトや、置くモノの形や色といったデザインセンスにまで気を配っています。

しかし、最も大切なのは、レセプショニストの存在感。なぜなら、彼女たちの身なりや立ち居振る舞いがサロンの空気やポリシーを体現していると言っても過言ではないからです。

また、美容師とレセプショニストは、求められる身なりや振る舞いが異なることも意識して欲しいポイント。居心地のいいサロンづくりは、お客様が最初に接するレセプションから始まりま

す。つまり、レセプション空間を自分たちのセンスでインテリア化していくことで"らしさ"が滲み出てくるようになる。

それはレセプショニストのビジュアルや身のこなしについても同じです。

まず、ビジュアルに関して説明すると、服装は美容師よりもお客様に近く、なおかつファッション性の高いものが理想です。例えば、東京の銀座にあり、OLなどの働く女性がお客様の中心である私たちのサロンの場合、ファッションのカテゴリーはお客様の"ON"のスタイルに近い

Reception Navi

ものでありながら、ワンピースやブラウス＆スカートなど、シーズンごとのトレンドやモード性が感じられるアイテム。メイクも品のよさや爽やかさ、知性を感じさせるものでありながらも、色味や質感などにシーズン性が感じられるもの。美容師のスタッフとは差別化し、雰囲気やアイテムが重ならないようにすることが、お客様から見ても、役割の明確化、職種の違いがハッキリするので好ましいと思います。

これは、イメージのコントロールという発想ともつながります。例えば病院内で白衣を着ている人＝医師というイメージが、信頼感や、ある種の威厳を患者に与えているように、レセプショニストが美容師とは異なる、お客様に近い服を身につけることで、安心感や親近感を持ってもらうことができる。また、美容師よりも、お客様の側に近い存在ということを印象づけることができる。そういった意味では、制服を採用することも選択肢の1つだと思います。

言葉遣いに関しては敬語が基本。長くお付き合いしているお客様に対し、担当美容師が、ときにフランクな言葉遣いで話をすることがあったとしても、レセプショニストは常に一定の距離をお客様と保つために、敬語での話しかけが原則です。その理由としては、レセプショニストの場合、お客様に対する「親しみ感」よりも「ていねい感」を大切にすべきだから。また、どのお客様にも公平に…というスタンスを体現していく意味でも、ニュートラルな印象の敬語をベースとした話しかけが基本だと考えています。

身のこなしに関しては、レセプショニストの場合、美容師よりもゆったりと、エレガントさを意識して振る舞うことが大切です。これは、サロンが忙しくて、フロアがバタバタしがちなときほど強く意識して。

さらには、お客様との目線の高さに対する気配りも――。基本的に座った状態のお客様と、鏡を通してコミュニケーションを取っていく美容師とは異なり、レセプショニストの場合は相手が立っているときもあれば、ソファなどに腰かけているときもあります。ご存知のように、目線の高さ設定は話しかける相手の心理状態に影響を与えます。お客様に安心感を与え、サロンに対する距離を縮めてもらうためにも、こちらの目線は相手と同じ高さか少し低めに設定し、親身な態度で話しかけていくようにします。

親身な話しかけという意味では、お客様が来店した瞬間の振る舞いも大切です。サロンが落ち着いていて、レセプションカウンターの近くに他のお客様がいないときは、来店されたお客様にカウンターの中から挨拶することで問題ないと思いますが、入り口付近が賑わっていて、他のお客様もいる場合には、レセプショニストはカウンターを出て、来店したお客様に挨拶をしながら近寄っていくことが大切です。私たちのサロンでは、これを"ウェルカムな意識と行動"と呼んで実践していますが、ここで肝心なことは、先回りの身のこなしで、心地よい第一印象をつくるということです。つまり、お客様の立場からすれば、「私が来たことをわかってくれてい

る、待っていてくれた」という印象を持つアクション。相手の予約内容を把握しておき、「カットとパーマでご予約いただいている○○様ですね」と、近寄っていきながら荷物を預かり、声をかけていく。こういった、相手を積極的に迎え入れる身のこなしは、サロンの印象を格段にアップさせていきます。

2. 提案と解消

接客にはプラス発想とマイナス発想の2種類のサービスがあると考えています。具体的には、よいものを加えてサロンの付加価値を上げる「プラス」と、お客様にとって心地いいという"普通"の状態を基準としたとき、余計なものを取り去っていく「マイナス」という考え方です。

それを私たちのレセプション業務に当てはめると、プラスは「提案」、マイナスは「解消」となり、最も重要なのは、お客様の「不快」「不安」「不満」を「解消」する、いわゆる"マイナス"の気配りとアクションです。

それ以外にも、例えばシャンプーのときに「お湯の温度はいかがですか?」などといった紋切り型の質問をすることも私たちのサロンではマイナスの対象と捉え、聞く場面や聞き方を工夫しています。具体的には、お客様の来店を迎えたレセプショニストが、シャンプーのときのマッサージの強さやお湯の温度といった好みを伺い、それを担当のアシスタントに伝えるという方法を取っています。

一方、プラスに関しては、例えば、電話で予約を受けるときに、お客様の要望や都合を聞きながら、「この日のこの時間帯ならば、ゆったり施術が受けられますよ」といったプラスの「提案」をすることも。また、お客様が「アレッ!?」と感じたり、「この間はこうだったのに…」と思いがちな、今までと施術の順序が変わるときなどに、その理由や内容をお客様にわかる言葉で説明したり…。もちろん、担当美容師が説明を行いますが、どうしても美容師にとっては"当たり前"のことという意識があるので、あえて美容師でない人間が説明する。それを実践することで、レセプションの存在感と「環境品質」の向上につながりますが、そのためにはサービスのプロとして、お客様にとって受け入れたいものとうっとうしいものを、しっかり区別していかなければなりません。

3. 全方位=360°の気配り

フロアの状況を含め、常に仕事の流れに注意を払うこと。それは、お客様一人ひとりの状況に

意識を傾け、心地よくサロンに滞在してもらうために欠かせないポイントです。お客様の滞在時間が長くなりがちな現状だからこそ、相手の気分、好み、願望などはもちろん、その日のお客様の都合に合わせた優先順位にも配慮することが大切です。

ポイントは施術に入る瞬間や、施術と施術の間などにお客様が垣間見せる表情。なぜなら、この瞬間に不快・不安・不満が顔に出やすいからです。これは、デザインづくりに意識が集中しがちな美容師とは違った視点やアングルでお客様を観察することができるレセプションだからこそ、配慮することができる部分。なぜなら、お客様はヘアスタイルの仕上がりだけでなく、つくっていくプロセスも心地よく楽しみたいと思っているからです。

言い方を換えれば、ヘアスタイルの「仕上がり」だけでなく、「プロセス」もお客様に提供する商品——。この「プロセス」は美容師以外のスタッフ、つまり"第3の目"であるレセプショニストが関われる部分です。

例えば、パーマやヘアカラーの「放置時間」というプロセスのシーンで、フロアを見回りながら薬液が額などに垂れていないかを確認したり、雑誌などを交換しながら「あと〇〇分で終わりますから、もう少しご辛抱くださいね」といったインフォメーションを耳打ちしてあげることなどは、不快感や不安感を抱きがちな放置時間に対する印象をやわらげると同時に、お客様自身が「放っておかれてない」と感じ取ってくれることにつながります。

意識としてはお客様を全方位＝360°から見守ってあげるつもりで——。ポイントは、「いかにお客様の気分になって相手を観ることができるか」です。

4.経験と学習による進化

お客様への対応は回数や経験、それに伴う情報量によって変化していくのが常。1度目より2度目、2度目より3度目と、少しずつ読みの深い接客が実現できるようになっていきます。また、Aというお客様の接客を経験したからこそ、Bというお客様への対応が深くなるということも。数多くのお客様への対応を経験することで気づいたことや、共通項を持つ顧客への対応をベースにした"学習"をしていくことで、一人ひとりのお客様に対し、よりピントの合った接客を実現していくことができるようになっていきます。

さらには、ちょっとした工夫や機転の利かせ方も、さまざまな経験が積み重ねられてこそ。

例えば同時刻の予約が重なっている場合、来店時間を5分くらいずつズラしてお客様に伝えていくといった工夫も、複数の来店客を同時にお迎えすることの困難さを経験しているからこその、現場発のアイデア。また、いつも仕事帰りの夜8時半にカットの予約を入れてくる男性客なら、予約の電話を受けたときに「いつもの8時半でよろしいですか？」と、こちらから確認してあげることも。あるいは前回、シャンプーを担当したアシスタントが「気持ちよかったわ」と褒め

てもらったのならば、「シャンプーは前回、担当した〇〇でよろしいですか？」とお聞きしたり。

こういった一人ひとりのお客様の情報を、自分自身の中にファイリングしていく意識が、読みの深い接客につながっていきます。お客様は、これらの事例のような些細なことに安心感を抱くもの。その安心感が、お客様との長いお付き合いを可能にする重要なポイントだからです。そのためには、一人ひとりの細かい情報をすくい上げていくことが必要。それを達成していくためには、コンピュータなどのシステムによるデータ管理だけでなく、手書きのカルテなど、アナログな方法を取り入れて活用することが大切。近代的なシステムに頼り過ぎない意識が欠かせません。

このように、レセプショニストの経験値による環境品質の向上は、際限なく追求・改善できる部分です。

5.血の通った個別対応

前回の施術や予約時の電話から得た情報。それらを基に各人への対応(やり方、方法)を変えていくことが、サロンの環境品質を高めていくことにつながります。つまり、ラグジュアリーな空間を実現し、提供していくためには、ときにはセオリーを超えた対応が必要だということ。商品の説明やPR、その他のさまざまなお知らせは紋切り型のマニュアル対応で済ませるのではなく、相手の気分や要望を察知して噛み砕き、それらを満たしてあげるつもりで。

また、お客様が急いでいるときなどは、通常の場合のようにメニューをフルでサービスしていくことは、かえって逆効果になってしまいがちです。例えば、仮にカット&カラーで予約しているお客様だとしても、急にソワソワしだしたときなどは、レセプションが事情を聞き、場合によってはお客様の承諾を得てから、カットだけで施術を終えてもらうことを担当美容師に指示したり…。当然、担当の美容師は、予約してもらったメニューを完璧にこなしていくことばかりに意識が集中しがち。そのため、お客様が発する"緊急サイン"を見逃していることがあります。そんなときに"第3の目"がお客様のサインを察知し、臨機応変に対応していく。そのためには、「前回がこうだったから…」という意識ではなく、毎回、新鮮な目線でお客様を観察することが大切。そんな、体温のある対応が、レセプションの存在感を高めていきます。

6.相手を"感じる"こと

端的に言えば「察してあげること」。お客様は、自分の気分や感情、要望などをすべて表現できるわけではありません。そこで重要になるのが、レセプションの洞察力。お客様が発する言葉とそのニュアンス、ちょっとした仕種や表情の変化などから先を読み、アクションを起こしていく。それは、具体的には気配りの声かけだったり、提案だったり。そのためには、常に「何か不安や不満があるのでは…」といったスタンスでお客様を見つめ、緊急事態に対する意識

を立ち上げ、心の準備をしておくことです。

　では、そういった「気づくセンス」「洞察力」は、どうやって養っていくのでしょうか？

　私たちのサロンでは、徹底したOJTです。具体的には、先輩が後輩に対し、それぞれのお客様の"今の心理状況"を説明し、それに合った行動を考えさせ、その行動につなげるヒントを与えてみたり…。少しずつですが、これを繰り返すことで洞察力を研ぎ澄ましていきます。これはシステムではできないこと。自分たちが実際に遭遇した場面に応じて、その場で考え、対応を導き出していく──それを地道にやり続けることが大切です。

　もし、あなたのサロンにそういった先輩がいなかったり、前例がないのだとしたら…。あなた自身が"パイオニア"として実例と実績をつくっていってください。それこそが、美容業界で働くレセプションに求められているアクションだからです。

　何かを欲しているのでは？　サインを発しているのでは？　そのような視点で相手の状況に意識を傾けていくことで、次の行動をイメージし、準備していく。お客様を"感じる"ことが機能すれば、自ずと「環境品質」はアップしていきます。

7. "商人的"もてなし感覚

　サロンにとって「美容」はビジネス。質の高いヘアデザインとサービスを提供し、お金をいただきます。当然のことながら、そこには感謝の気持ちが不可欠ですから、「頭を下げるのは当たり前」といった意識や感覚、思考回路を持っていなければ、美容室のサービス業務、レセプション業務は務まりません。

　これこそが、商人的なもてなし感覚の一端ですが、美容師の場合、ときに職人的な気質が強く出過ぎてしまい、その結果、商人的な感覚が希薄になってしまうことがあります。その部分をフォローアップするのも"第3の目"であるレセプションの役割の1つです。

　また、ときにはサロンとお客様の状況を考え合わせ、マニュアルで決められた対応を、あえて覆すことが必要な場合があります。

　例えば、月の売り上げが今一つ芳しくない状況のとき。予約が埋まっている日に、お客様が「明日から出張でなかなか来られないので、どうしても今日、髪を整えて欲しい」と連絡してきたのなら、相手が要望するすべてのメニューを受け入れることはできなくても、「カットだけなら…」「ヘアカラーだけなら…」と、少しでも要望を叶えてあげられる工夫をする。その際、担当美容師には事情を説明し、お客様には「多少、お待たせするかもしれませんが…」と伝えて、お客様の要望に応えると同時に、お店の売り上げに貢献していく。こういった柔軟なやりくりこそが、商人的なおもてなしにつながっていきます。

　当然のことですが、それらの行為の裏には「お客様のために」というスタンスと、大人、社会人としての道徳や常識が備わっていなければなりません。

INTERVIEW ②

目指したいサロンのイメージを
しっかり持ち、発展的に考えていく

大規模な店舗ならともかく、それほど広くもない1つのフロアで営業しているサロンにとって、技術者も雇用する人数も限られている現実の中で、レセプションを雇うコストを、どのように捻り出せばいいのだろうか。お客様に確実にリピートしてもらうためには、技術やデザイン力を磨くだけでなく、相手に「安心感」や「信頼感」を感じてもらうことが大切という考えの下、レセプションにかかるコストを最初から設定していたという吉田さんの考えの根底にあるのは何かを聞いてみた。

大切なのは"筋肉質のサロン"づくり

——確か、最初にオープンした北千住のサロンは16坪で、美容スタッフは4人でしたよね。

吉田 ええ。美容師4人とレセプション。

——率直に言って、その規模でレセプショニストを雇用するのは、仮にたった1人だとしても、かなり厳しいと思うのですが…。

吉田 でも、僕には最初からその認識があったので、正直レセプショニストを雇うことがマイナスだと思ったことはないんですよ。サロン経営の設定自体、最初からレセプションを想定していたし、そのために16坪のフロアの3分の1くらいのスペースをレセプションカウンターにしたわけですから。その影響でシャンプー台は2台しか置けなくて、ヘアカラーブームが来たときにはちょっと後悔しそうになったくらい(苦笑)、営業中の店内はグチャグチャでしたよ。実際、そのスペースで1か月のマックスの売り上げが600万円まで行ったわけですから、多くの人から「無謀だ」って言われ

たこともあります。

　でも、冷静に考えると、コストって削っていいものとそうでないものがあるじゃないですか。僕は、例えばドライヤーとかワゴンなどといった備品、つまり、お客様に見える部分のコストは削っちゃいけないと思っているんですよ。それに対し、材料費などはみんなの意識次第で節約することが可能でしょ。実際、『EGO』では材料費を毎月、ミーティングで発表しているし、使ったタオルの本数だって、毎月チェックしていますから。

　それに、パンフレットやDMなどは、最近はパソコンも進化しているので、デザインは自分たちの好みでつくれますから。

　それから、私たちのサロンでは、スタッフ1人当たりの売り上げを80万円と設定していて、それを達成できるように、効率的な作業の流れをつくる努力をしていますし、各スタッフの仕事のスピードを上げるための教育を常にやっています。やっぱり、スピードって能力だと思うんですよ。少数精鋭で、無駄な人件費をかけずに実績を上げてい

くためには、いわゆる"筋肉質のサロン"をつくることが大切。つまり、「無駄なコストの削減」と「安定した実績」を両立させることが大切なので、そのためには無駄という"贅肉"を削ぎ取って、筋肉質にしていかないと…。安易に手を広げていくことではなく、仕事の密度を高めていく感覚ですよね。

自分の給料が減るのは、
稼げないオーナー自身の責任

――なるほど。その点についてストレートにお聞きしたいのですが、当時の吉田さんのお給料はそんなに多くはなかったのでは…。

吉田 そうですね。でも、自分の給料が減ろうが何しようが、それは稼げない自分が悪いのであって、レセプショニストがいるからとか、そういう後ろ向きの発想にはなったことはないですね。なぜなら、そのときから僕には、自分が目指すべきサロンのイメージが明確にありましたから…。それに自分自身は、小さくてもいいから、やりたいことは最初からきちんとかたちにしておきたい性格なんですよ。だから、どんなにサロンが狭くても、大きくなって大忙しになったときのことを前提にして、仕事の組み立てやシステムを考えているんです。だって、実際にそうなってから、急にできるものではありませんから。

そういう意味では、もちろん北千住で営業していた当時から、16坪のサロン1つで終わるつもりはなかったですし、銀座に移転した現在だって、もっと進化・発展することを目指しているわけですからね。

――なるほど。では、吉田さんがイメージするレセプションのかたちが、ある程度みんなに理解され、「できてきたなぁ…」と感じられるようになってきたのはいつ頃ですか。

吉田 今は取締役になっている小池ですが、彼女がレセプショニストとしての仕事の領域を広げ、今も内容を深めていくのを見ていると、それは自分の中でも年々、変わっていくんですよ。でも、僕自身が最初に整理したマニュアルの内容を基準とするなら、レセプションを置き始めてから2～3年くらいで、かなりできるようになっていましたね。ただし、今は小池が実践しているような、マニュアルを超えた"気づき"や"感性の部分"、つまりプロモーションの部分まで含めたディープな内容を求めるようになっているので、そのレベルでは足りない部分が幾つもあります。

仕事って、何でも進化していくものだと思っていますから、まだまだ満足できるところまでには到達していませんよね。

Chapter 4
サロンサービスの整理(2)

- 美容室にとっての「機能的価値」と「情緒的価値」とは?
- レセプションが「受付」と違う理由
- 「プロモーション＝情緒的価値」の本質は相手に喜んでもらうこと
- 「説明責任」と「安心の提供」──これが信頼感を得るポイント
- プロモーションの主な実践ポイント
  「観られている」という意識／"作業"で終わらせず、考えて行動する／「生産性のあるポジション」という意識の確立／お客様の視点でサロンワークを見つめる／"スーパーな存在"になるため、信頼関係をいかにして築くか
- オペレーションの主な実践ポイント
  スタートは電話応対／お客様の管理の徹底と来店時の確認／スタイリストのスキルやクセの把握と、予約のコントロール／"お客様目線"で環境品質(＝サービス)を進化させる／相手のペースに合わせた受け応え
- 『EGO』のプロモーションとオペレーションの事例
- 予約表に見るオペレーションの実際

INTERVIEW③
新規客を闇雲に求める前に、今いるお客様をしっかりつなぎ止める

レセプションが従来の「受付」と違う理由――それは、「失わない生産性」に寄与している点

美容室にとっての「機能的価値」と「情緒的価値」とは？

　美容室の仕事の内容を「機能的価値」と「情緒的価値」で分けると、"商品"であるヘアデザインの質が「機能的価値」、ヘア以外の"環境"全般の質が「情緒的価値」に該当すると、私たちのサロンでは捉えています。もちろん、レセプションはヘアデザイン以外の部分が"守備範囲"ですから、当然、情緒的価値の分野に深く関わることになります。また、レセプションの仕事自体を分析すると、その中にも「機能的価値」と「情緒的価値」が密接に絡み合っていることがわかります。それは、言葉を換えれば「オペレーション」と「プロモーション」になります。

　この章では、レセプションの仕事、つまりサロンのサービス業務について、「オペレーション」と「プロモーション」のポイントを列挙しながら、それぞれ「機能的価値」と「情緒的価値」について解説していきます。

レセプションが「受付」と違う理由

　レセプションという仕事が、今までの「受付」と違う理由――それは、美容室の生産性の向上に寄与している点です。ここで言う「生産性」とは、新規客を獲得して売り上げを生む…という従来型ではなく、「お客様を失わないこと」という新しい発想を拠り所とするものです。

　今の時代、無尽蔵に新規客が来ると考えている経営者はいません。むしろ、今、目の前にいるお客様といかに長くお付き合いするかが経営の安定に大きく影響する…と考えるのが普通だと思います。

　また、単なる事務的な"作業"ではなく、お客様一人ひとりの状況に配慮した"仕事"をすることも、レセプションと受付を区別するポイントの1つです。

　以上のように捉えたとき、サロンのレセプションにとっての主業務である「プロモーション」と「オペレーション」は、どう位置付ければいいので

プロモーションの定義とポイント

お客様により一層、サロンのファン、担当者のファンになっていただき、より信頼関係を強固にするために行う、レセプションのアピール業務及び活動。

1. 「観られている」という意識
2. "作業"で終わらせず、考えて行動する
3. 「生産性のあるポジション」という意識の確立
4. お客様の視点でサロンワークを見つめる
5. "スーパーな存在"になるため、信頼関係をいかにして築くか

オペレーションの定義とポイント

お客様に心地よく過ごしてもらうために、お客様一人ひとりに対して行う、レセプションとフロアスタッフの正確な情報伝達。

1. スタートは電話応対
2. お客様の管理の徹底と来店時の確認
3. スタイリストのスキルやクセの把握と、予約のコントロール
4. "お客様目線"で環境品質(＝サービス)を進化させる
5. 相手のペースに合わせた受け応え

しょうか。

営業中のフロアの環境をよりよい状態にコントロールする「オペレーション」は、言葉を換えると「機能的価値」と置くことができます。それに対し、お客様に自サロンや技術者をアピールしていく「プロモーション」は、「情緒的価値」と捉えられます。

例えば、仮に同じヘアスタイルだったとしても、誰につくってもらったスタイルかによってお客様にとっての価値が変わるのは、ヘアの「機能的価値」を取り巻く、まさに「情緒的価値」の部分。

有名ブランドのアクセサリーをディスカウントストアでレジに並んで日用品と同じように買うのと、ブランドショップの本店で白い手袋をした店員にもてなされて買うのでは、商品自体は同一だとしても、女性の感情に与える「情緒的価値」の部分が大きく異なってきます。

このように、レセプションの仕事は美容室の

商品(＝機能的価値)に、それを取り巻く環境(＝情緒的価値)を付加し、質の高いヘアスタイルだけでなく、心地よい体験も買っていただくことが目的。21世紀になって重要性を増してきた"体験を売る"というメカニズムを、サロンの中に取り入れていくときに欠かせない存在です。

　また、レセプションの「オペレーション」を測る「機能的価値」は、通常0〜100％の範囲で評価されます。例えば、フロアにいるお客様全員が心地よいと感じて満足してくれれば100％、その反対なら0％といった具合です。それに対し、「プロモーション」を測る「情緒的価値」は、マイナスもあれば200％も300％になることもあり得る、無限大の幅を秘めている…ということです。それは、効果を発揮すればお客様の支持が絶大に高まる半面、的外れな提案をしたり、不手際が続いたりすれば、ゼロ以下の判断を下されるという非常にシビアな評価です。

「プロモーション＝情緒的価値」の本質は相手に喜んでもらうこと

　両方の業務を別の角度から分析すると、レセプションの「機能的価値」の部分である「オペレーション」がある程度のマニュアルをベースにしながらレベルアップしていくのに対し、「情緒的価値」の部分である「プロモーション」はマニュアルを超えた領域が大部分を占めていることがわかります。

　つまり、フロアの環境を快適に保つ「オペレーション」にはある程度のセオリーがあるのに対し、「プロモーション」は、実践による"経験"と、レセプショニスト本人のセンスや勘によってのみ、グレードを上げることができるジャンルなのです。そう理解すると、確かにレセプショニストの"守備範囲"であり業務の"両輪"でもある「プロモーション」と「オペレーション」は共に大切な仕事ですが、あえて両者に重みづけをするとしたら、「情緒的価値」の部分に深く関わる「プロモーション」こそ、生産性のアップに関わるレセプションにとっての最も大切な仕事の1つと捉えるべきです。

　例えば、レセプショニスト業務の中でも大切な予約の取り方。これはマニュアルにしたがって進めていく段階では、まさに「オペレーション」であり、「機能的価値」の部分です。しかし、予約の内容や日時を決定していく過程では、相手の好みや都合を思いやったり、今のその人にとってベストな提案をしたりといった「プロモーション」、レセプショニストの経験とお客様に対する理解に沿った「情緒的価値」が深く絡み合ってきます。

「説明責任」と「安心の提供」
──これが信頼感を得るポイント

　それぞれの"定義"と実践のポイントは前のページに示した通りですが、特に「情緒的価値」である「プロモーション」業務に必要なのは、説明責任と安心の提供。それらが達成された先

機能的価値と情緒的価値

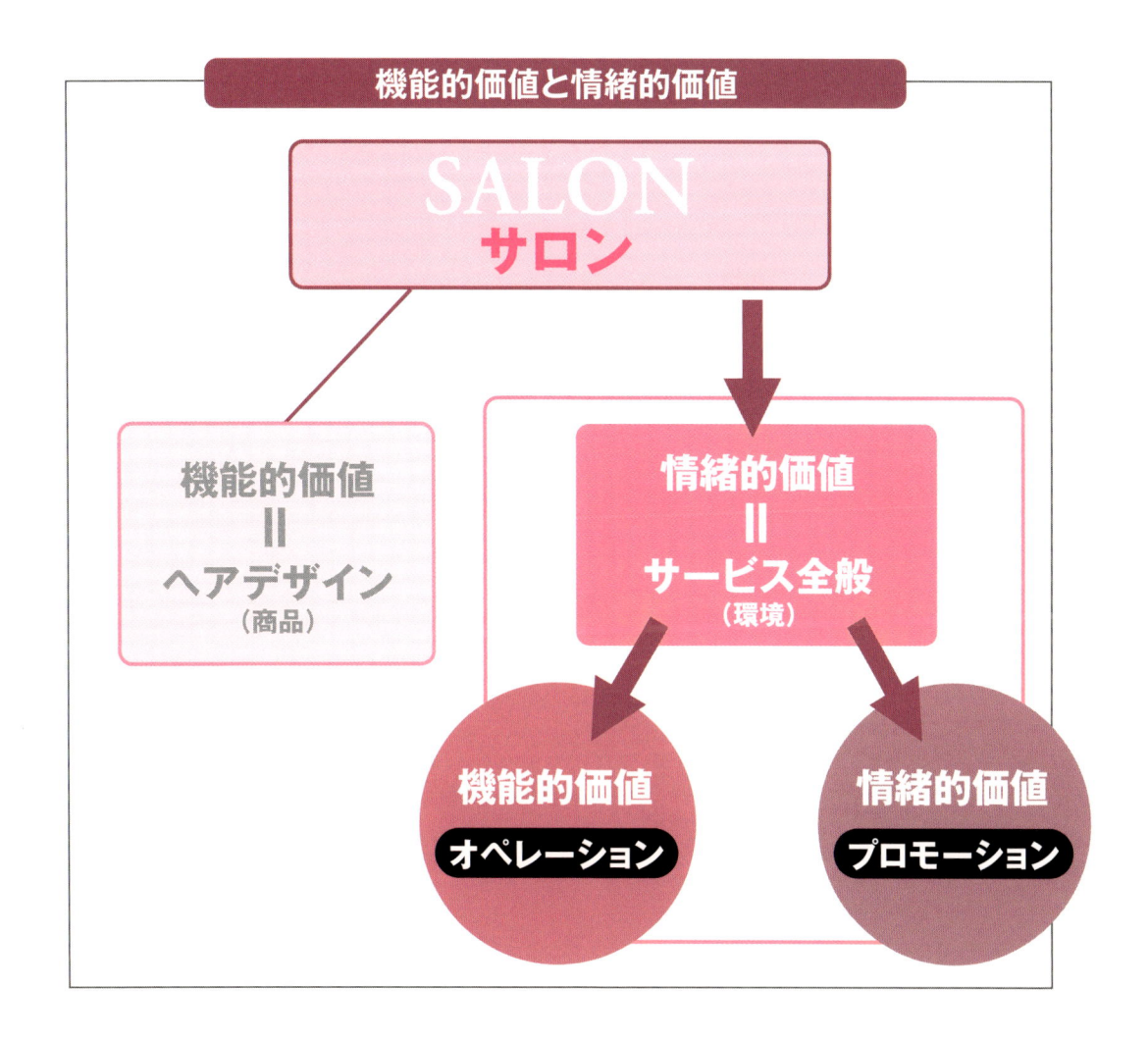

```
SALON
サロン
├── 機能的価値
│   ＝
│   ヘアデザイン
│   （商品）
└── 情緒的価値
    ＝
    サービス全般
    （環境）
    ├── 機能的価値
    │   オペレーション
    └── 情緒的価値
        プロモーション
```

に、お客様にとっての「買う側の楽しみ」があると、私たちのサロンでは考えています。
「説明責任」とは、美容室の場合、施術や価格の背景をわかりやすく伝え、理解し納得してもらうこと。「安心の提供」は、例えばお客様が買い求める商材に含まれている成分の由来や性質を把握し、妊婦に対してどうか？ かぶれやアレルギーに対してはどうか？ などといった情報を提供していくことだったり…。

機会あるごとにお伝えしているように、お客様の「不快」「不安」「不満」は全力で解消しなければならないもの。それらを解消し、マニュアルを超えた領域を現場で実践し始めた瞬間に信頼感が生まれ、お客様はサロンに"楽しさ"や"くつろぎ"を感じるようになります。それこそが、美容室にとっての最大のアピールであり、レセプションの「プロモーション」業務の中心にあるものです。

Promotion
プロモーションの主な実践ポイント

「観られている」という意識

　最初に理解しておきたいことは、レセプションの印象がサロン全体の印象をつくる、と言っても過言ではないくらい、第一印象が大切だということです。それを実現するには、相手に好印象を抱かせる「アイコンタクト」と「スマイル」が重要。なぜなら、「目」は想いを伝える役目を果たしますし、「笑顔」は相手に安心感を抱かせ、心のハードルを下げる（心を開く）きっかけをつくるからです。このアイコンタクトとスマイルからコミュニケーションが始まり、やがては信頼関係が育まれていく…。これが、お客様との理想的な関係構築のプロセスです。

　その"理想的な関係構築"を実現するのに欠かせないのが、自身のビジュアル管理。簡単に言えば、ヘアメイク、ネイル、ファッションなどの"身なり"を、自サロンのコンセプトや美容に対するスタンス、あるいは顧客層に合わせていくことです。ここで大切なことは、自分が「したいファッション」と「するべきファッション」は違うという事実です。レセプションはお店の印象を左右します。当然のことながら、レセプションのファッションセンスがサロンのブランドイメージにも影響を及ぼしますから、業務を行うときのファッションには、心地よい緊張感を持ちながら気を配るべきです。

　また、ヘアは最低でも月に1度は自サロンで手入れを。ファッションとヘアスタイルからは、サロンのメッセージが伝わっていくもの。それらがサロンのファンを増やすことにもつながるので、フロアスタッフとは違った存在感をアピールできるような装いがいいでしょう。

　さらには、翌日の予約表を見て、若い世代のお客様が多い日、反対にミセスのお客様が多い日と、来店されるお客様の層を意識しながら、装いを微調整することも大切です。ちなみに『EGO』では、サンダルやダメージジーンズ、サイズが合っていない服装はNGです。

"作業"で終わらせず、考えて行動する

　常に考えて欲しいこと。それは「受付」と「レセプション」の違いです。単に事務的な受付業務をするのならば、それはまさに従来の「受付」というポジションの人たちがやる仕事の領域です。それに対し、これからの美容室に必要なポジションとしての「レセプション」は、一人ひとり要望や要求の違うお客様のことを考え、それぞれのリクエストに応えていけるよう、行動に移すことが"役割"であり"仕事"です。これができるようになれば、レセプショニストは心地よい存在としてお客様の印象に残り、ファンになってくれる人も現れます。それは自分を"売る"ことであり、同時にサロン全体をプロモーションしていることにつながっていきます。

　レセプショニストと呼ばれるためには、従来の「受付」が担っていた"作業"はもちろん、相手のことを想い、心を込めながらどれだけ動くことができるかという「情緒的価値」の部分が肝心です。それが達成できれば、お客様は「特別感」を抱き、きめ細かい対応をしてくれるレセプショニストに信頼感を寄せてくれます。なぜなら、相手はレセプショニストのことを「私のことをわかってくれる」「私の気持ちに気づいてくれる」と理解するからです。ピントの合った個別対応をするためには、常に相手の気分や気持ちに意識を傾け、営業という"実践"の中でお客様の気持ちを読み取る洞察力を磨いていくことが求められます。

「生産性のあるポジション」という意識の確立

　従来の「受付」が行っていた"作業"では、サービスの漏れを拾い上げることはできません。これからの美容室にとっての「生産性」とは、単に利益を上げることだけでなく、利益を損なう原因になることを予防することも含みます。その代表的なものが失客の防止です。

　21世紀に入り、急速に"大人社会"に向かっている日本。そういった状況の中では、お客様と長いお付き合いをしていくことが、今まで以上に重要性を増しています。なぜなら、人口が減っていくことを考えたとき、失客はこれまで以上にサロンの経営に悪影響を与えるからです。

　また、人には誰でも「飽きる」という感覚があります。しかし、長くお付き合いしていくためには、この「飽きる」という感覚を可能な限り排除し、常に自サロンに興味を持ってもらう必要があります。それは言葉を換えると「期待感」「ワクワク感」と表現できます。

　常に、自分の気分や気持ちを理解してもらい、心地よい時間を過ごすことができる——お客様にそう感じてもらうためには、相手に意識を傾け、しっかり観察し、技術者だけではクリアしきれない部分や、ちょっとしたミスをフォローアップしていくことが、レセプションに求められている役割の1つ。例えば、技術者とお客様のやりとりを見ておくことで、お客様がレセプションに戻ってきたときの会話のネタが見つかります。具体的には、仕上がったスタイルのどの部分をどんな言葉で褒めればいいのか。あるいはスタッフが気づいていない部分に言及し、レセプションが気遣いの言葉をかけることで失客を防げることもあります。つまり、レセプショニストの働きが、最後の部分で失客を食い止め、結果としてサービスの漏れを拾うことも。私たちが「失わないこと＝生産性」と考える根拠は、ここにあります。

「美容師ではない」ことを"強み"に、お客様の視点でサロンワークを見つめる

　とかく「経営的視点」を優先すると「効率性」や「生産性」といった発想に傾きがちです。しかし、女性の気分やメンタリティという、非常にデリケートな部分に関わっている美容室の仕事だからこそ、お客様の「満足度」という基準値を設ける必要があると思います。そのときに威力を発揮するのが、技術の資格を持っていないレセプショニストの"お客様目線"です。

　プロとして"訳知り"になってしまった美容師には感じ取りにくい、お客様の感覚や本音。それらは多くの場合、「効率」という言葉とは折り合いにくいものです。しかし、美容室はそういったお客様に合わせていく努力をしていかなければなりません。

　例えば、施術の説明責任。レセプショニストは物理的な施術はできません。しかし、できないからこそ疑問に感じることが、美容室の中にはたくさん散らばっています。そういった施術の理由をお客様に伝えていくことで、相手の疑問や不安が払拭されるだけでなく、「省かれていない」という感覚を持つこともあります。

　常に自分がメインで、隙なく気を配ってもらいたいと考えているのが、お客様の本音。それをきめ細かくすくい上げていくためには、"美容師ではない強み"とでも言うべきお客様目線、客観視できる「第3の目」としてのセンスを発揮し、一般の人が感じるサロン内の「？」をスタッフに伝え、改善していくことが大切です。

　そのためには、美容室の疑問に対して、病院にいるナースのような感覚でお客様の側に立ち、優しく包み込んであげるように説明することがポイント。一般の人にはわからないことだらけの美容室。仮にフロアスタッフが説明していたとしても、レセプションが違った言葉遣いで、再度、説明を加えてあげることがお客様を安心させ、心地よさを感じることにつながっていきます。なぜなら、「安心」に過剰はないからです。

"スーパーな存在"になるため、お客様との信頼関係をいかにして築くか

　レセプショニストの"職場"は、基本的に受付カウンター周辺ですが、お客様とスタッフの双方から信頼され、「なくてはならない存在」にレベルアップするためには、お客様がフロアにいるときも、できる限り「見てあげる」ことが大切。

　なぜなら、そのアクションがお客様の「不快」「不安」「不満」に小さな段階で気づき、解消してあげることにつながるからです。

　フロアスタッフに引き継いだお客様に何が起きているか――。一人ひとりのお客様に対して常に目を向け、フロアスタッフが気づいていない「不快」「不安」「不満」の元(原因)を解消し、サービスの漏れをなくしていく。こうしたアクションを続けることが、お客様の好みやクセを理解していくことにもつながり、その結果として、レセプショニストとしての信頼感が高まっていくことになります。

　また、お客様とのコミュニケーションについても、何気ないものばかりではなく、"意味のある会話"を心がけて。例えば「髪に関する知識」「好みのファッション」「憧れる女性像」や「朝、起きてから出かけるまでの時間」など、あるいは前回の髪型のヒアリングを行いながら「施術や仕上がりに対する反応・感想」「色味やツヤ、質感などの髪の変化に対する問いかけ」など、ヘアスタイルづくりに関連しそうなことを、会話を通じてピックアップし、その情報を基にしながら、相手に合わせた"仕事"を自らがつくっていく意識が大切です。そうやって起こしたアクションが相手の要望を達成・実現し、信頼関係の構築につながっていきます。

　相手に信頼され、相談や頼みごとを持ちかけてもらえるような存在になるには、レセプションとしての"通常業務"をこなすだけでなく、一人ひとりの状況、気分、要望などに合わせた動きができるかどうかがポイントに。これこそが「情緒的価値」です。当然ですが、そういった行動が実現できれば、お客様にとっては「私の気分を察し、私の希望に沿った接客と、私のためのヘアデザイン提案をしてくれる、かけがえのない美容室」になり、それは最大のプロモーションにつながります。

Operation
オペレーションの主な実践ポイント

スタートは電話応対

　オペレーション業務のキーフレーズである「確認する責任と伝える義務」。これを象徴的に実践するのが、オペレーションの"スタート"でもある電話応対です。私たちのサロンの場合、お客様の予約の大半は電話で入ってきます。このとき「機能的価値」に関わる、来店する日時や施術メニューを聞くだけでなく、例えば前回の施術や提案、あるいは注意点から、今回の提案や確認に連動した質問を投げかけることが大切。具体的には、カルテの記録などからシミュレーションし、お客様より先回りして「…でしたよね」という提案や確認をこちらからすること。これを実践することで、お客様は「私のことをわかっている」という印象を持ち、安心感を抱くと同時に、心地よい"特別感"を持つこともあるからです。

　また、電話の最後には「何かご不明な点やご質問はございますか?」と問いかけることもポイント。なぜなら、こうすることで、相手が本音や要望を伝えてくるきっかけになることがあるからです。

　その他、レセプションの醍醐味としては、電話の声とお客様の名前と顔を頭の中で一致させることがあります。普段からこの努力を続けていくことが「機能的価値」を上げ、レセプションとしてのオペレーション業務のレベルを確実にアップさせていくことにつながります。

お客様の管理の徹底と来店時の確認

　これはレセプションの信頼感を大きく左右する"仕事"の1つで、具体的にはお客様の情報をカルテに記し、確実に文字化しておくこと。お客様と交わした話の内容はもちろん、ヘアスタイルのデザインポイントを、ときにはイラストで描いておいたり、お客様の要望に対する結果、つまりヘアスタイルの仕上がり具合やメニューの選択を、自分なりに「コメント」しておいたり…。こうすることで、お客様の髪を意識的に観る習慣がつくだけでなく、仕上がり具合から、スタイリストの得手・不得手を知ることができ、「機能的価値」の1つである技術者ごとのオペレーションがスムーズに行えるようになります。

　また、お客様が実際に来店したときの髪の確認も大切。なぜなら、電話で受けた「言葉だけの情報」から、実際に「目で見た情報」に変化し精度が上がるだけでなく、予約時の要望の"理由"を知ることができるからです。

　一方、新規客の場合は、希望のメニューを受けるとき、施術の内容によって確認しておくべき点をあらかじめ整理しておき、要領よくチェックしていくこともポイント。例えば「カラーで明るくしたいんですけど…」というリクエストに対してなら、①前回、どんなヘアカラーをしたのか　②暗くする(レベルダウン)施術をしているか　③いつ、どこでやったのか(サロンか自宅か)　④薬剤が沁みた経験はあるか——といったことなど。レセプショニストとして「聞くべきこと」と「言うべきこと」をしっかり認識する必要があります。これは、美容室のレセプションとして美容の知識を深めておくことが「機能的価値」を高めることにつながっていくということ。それが必要な理由としては、お客様に対する立場として、美容に関する知識はゼロ…ということでは通らないからです。

スタイリストのスキルやクセの把握と、予約のコントロール

　自サロンの技術者は、どのくらいの時間でメニューをこなせるのか──スタイリストごとのキャリアによって、施術に必要とする時間は違います。また、各人が実力を最大限に発揮する仕事のリズムやスピードは違います。

　そういった「スキル」や「クセ」を把握し、まるで担当技術者本人が予約を取っているような感覚で、実際の予約をコントロールしていくのがレセプションの「機能的価値」であるオペレーション業務。スタイリストごとの仕事の運び方を把握しておくことが重要です。

　もちろん、技術者単位だけでなく、サロン全体のオペレーションも重要。鏡面やシャンプー台の数を基本に、サロン内に滞在するお客様の数の「理想」と「マックス」をハッキリ分けて理解しておき、常に「理想」に近づけられるように予約をコントロールすることが肝心。ちなみに、サロン内に滞在するお客様の数の理想とは、①各スタイリストが仕事をしやすいペースを維持できる人数　②空間的な広さや設備が無理なく対応でき、お客様が心地よく過ごせる人数──のこと。それを維持するために、例えば午後1時にはお客様が何人いるか、午後2時には何人いるか…と、予約表に書き込まれた人数と施術内容から、営業時間の途中の段階での状況をシミュレーションし、サロン全体と、各技術者単位で把握することが必要。また、施術の組み合わせの可能・不可能が判断できるよう、それぞれの施術に対する理解も必要です。

　当然のことながら、そういったシミュレーションの精度を高めていく努力を続けることが「機能的価値」を上げるので、"司令塔"としてのオペレーション業務には欠かせません。

"お客様目線"で環境品質（＝サービス）を進化させる

　レセプショニストにとっての"美容師ではない強み"を"お客様目線"と置き換えたとき、大切な視点は「"当たり前"を見直す」こと。

　例えば、美容師にとっては当たり前の施術に関して、ていねいな説明をしてあげる…といったことが、お客様の不安を取り除くように、気づいたら改善を提案していくことが重要です。

　改善のための視点は、主に次の7つ（35～40ページ参照）。
①インテリア化　②提案と解消　③全方位＝360°の気配り　④経験と学習による進化　⑤血の通った個別対応　⑥相手を"感じる"こと　⑦商人的"もてなし感覚

　──これらをまとめて、私たちのサロンでは"環境品質"と呼んでいますが、これらの点を改善していくとき、美容師が考えがちな「機能面」や「都合」だけでなく、お客様にとっての「心地よさ」や「不快感の排除」を達成していこうとする改善が「情緒的価値」につながる"お客様目線"であり、レセプションの存在感でもあります。換言すれば、「私のことをわかってくれている」ことがポイント。

　つまり、お客様にとっての「不快」や「不安」を解消していくことが、環境品質（＝サービス）の進化の本質であり、レセプションの「機能的価値」を高めていく背景には、必ず"お客様のために"という「情緒的価値」が存在するということです。

相手のペースに合わせた受け応え

　接客業としての色彩が濃いレセプションの仕事では「相手と呼吸を合わせる」ことが大切です。これは電話であっても対面であっても同様で、呼吸を合わせることが達成できるかどうかによって、お客様との信頼関係が変わってきます。

　では、具体的にどうするか——。ポイントは相手の接客の好みを感じ取ること。

　例えば、どんな口調が好きか。「親しき仲にも礼儀あり」と言われるように、お客様との距離の取り方や、迎える側としての立ち位置に細心の注意を払うことが必要。"親しみやすさ"と"気安さ"が似て非なることのように、お客様とは常に心地よい緊張感を保つ必要があるからです。

　お客様と心地よい緊張感を保つためには、自分の価値観だけに終始してしまってはダメ。お客様のいろいろな価値観を知ることが大切で、この内容によって、物事に対する優先順位が変わるからです。

　改めて考えてみると、お客様の「不快」や「不安」の原因は実にさまざま。それを予測し、目星をつけて探っていくためにも、柔軟な価値観が必要になってきます。

　レセプショニストにとって、とても大切なこと——それは、お客様ごとに異なる、いろいろな価値観や"想い"を受け止めることができる柔軟性を身につけることです。

　サロンを心地よい状態に維持し、お客様すべての要望が確実にクリアされていく空間にコントロールしていくには、"司令塔"としてのレセプションのオペレーション業務のレベルが大きく影響することは、間違いありません。

EGO

『EGO』のプロモーションとオペレーションの事例

事例1

来店時、ご主人の上司の方と会食の予定があるということで、終了の時間指定を受けた

⬇ **絶対に遅らせられない**

このことを赤カルテと付箋で担当者、メインアシスタントにアピール。口頭でも伝えた
（ここまでは通常のサロンワークで頻繁にある事例です）

⬇

しかし…！途中でお客様のご主人から「予定が30分早まった」との連絡が入った

⬇ **レセプションはすぐにフロアの状態を確認**

最初に決めた予定時刻なら間に合うが、このままのフォーメーション（組み立て）では間に合わない

⬇ **緊急事態発生！**

担当者、メインアシスタント、専属レセプションの3人でミーティング

⬇ **お客様に説明**

「このままでは間に合わないので、急遽、フォーメーションを変えて必ず間に合わせますので安心してください」
（レセプション）

⬇

急なフォーメーションの変更により、待つことになってしまった別のお客様にも、レセプションからフォロー。悟られないように、ハンドマッサージを行って、場をつなぐ

何とか間に合い、お客様に感謝していただけた

事例2

新規のお客様から質問の電話
1か月の間に3回、デジタルパーマをかけたが気に入らない

⬇

パーマをかけ直して何とかしたいという切実な悩みだったので、レセプションの立場としても、お客様の力になりたいと思い、『EGO』で引き受けることに
（普通の状態なら、質問の電話から予約にはなかなかつながらない）

⬇ **サロンをアピール⇒当店にまかせて欲しい**

「信頼のあるパーマの得意なスタイリストをご紹介します」
（レセプション）

⬇

「1度考えます」と言って電話を切ったが、すぐに「電話応対が心地よく、安心してまかせられそうだから…」と再び電話があった

⬇ **来店**

髪のコンディションが本当にひどい状態
もちろん、お客様の来店前には担当者とメインアシスタントとの3人で事前の打ち合わせを実施し、電話で聞いた髪の状態を報告済み
アルミホイルを使って、根元のみパーマをかけた
さらにフェイスラインのパーマも勧めたが、今回はかけなかった

⬇ **お客様は仕上がりに大満足！すっかり『EGO』のファンに**

後日、すぐにフェイスラインにパーマをかけたいとの電話予約が入った

事例1

新規のお客様
日東紅茶のパッケージに使用されているイラストを持って来て、
「やりたいスタイルはコレ！」と

↓

「○○様にご紹介したいスタイリストがいます。ショートスタイルを切らせたらバツグンです。きっと気に入っていただけると思います」
（レセプション）

↓

その後、すっかり『EGO』のファンに。
2週間に1度、来店されている

↓

「レセプションの○○さんに会うのも、『EGO』に来る楽しみの1つよ。もちろん、○○さんのカットも最高だし…」

事例2

担当の技術者が次回の提案として「コテ」などを使って"疑似パーマスタイル"をつくって仕上げている

↓

こういう特別な仕上げをしている場合は、必ずお会計前に把握する

↓

お客様がレセプションカウンターに戻って来られたら、担当技術者の提案をもう1度、後押しします

↓

「担当の○○は、こういったスタイルのパーマを特に得意としているスタイリストですので、安心してお任せください。きっと、今よりも扱いやすい髪になると思います」とプロモーション

事例3

ヘッドスパの導入を決定！

↓

メニューとしてきちんとサロンに根付かせたい

↓

まずはオピニオンリーダーのお客様に、手書きのお手紙とヘッドスパの効能を記したものを手渡してプロモーション

↓

次の予約のとき、ヘッドスパも入れてくれた

↓

『EGO』に通っている友だちに、次々とPRしてくださった

事例4

サロン内が混雑して、ブローやワインディングまで、どうしてもお待たせしてしまうお客様に

↓

「○○様のブローは、どうしても担当の○○が自分で仕上げたいようですので、もう少しお待ちください」

↓

本当はそういう指示は出ていませんが、単に「もう少しお待ちください」よりは、お客様の気分を損ねないようです

予約表に見るオペレーションの実際

オペレーション業務の本質を究極に表現しているフレーズ──それが「確認する義務と伝える責任」だ。では、レセプションを高度に機能させている『EGO』では、どのように「確認する義務」と「伝える責任」が実践されているのだろうか。ここでは、その一端を実際の予約表と、そこに書き込まれた、通称"小池メモ"と呼ばれる内容から探っていく。

※予約表に記入されている個人名は、すべて仮名になっています。

■記号の説明
C＝カット　D＝ヘアカラー　P＝パーマ　T＝トリートメント　ストP＝ストレートパーマ　F＝フリー客　SH＝紹介客　㊼＝相談　㊸＝希望

- 来店サイクルが延びて気になっていたお客様で、顧客管理の側面からも気になっていた。
- 複合メニュー（パーマ／ヘアカラー／トリートメント）をする予定なので、長い時間滞在する。
- もしかしたら前回の来店時など、担当技術者との接点が減っていたのではないか？
- 以上のような条件から、今回はサロンの真価が問われる。
- そこで、あえて開店直後の時間に予約を入れるよう勧めて、比較的余裕のある時間帯に、きめ細かい接客を実践していくよう、朝のユニットミーティングで確認。
- サロンのスタッフ全員で気にかけてあげて、お客様の気持ちを『EGO』に"引き戻す"ことを目指す。
- "ディープ"な接客＝レセプショニストが接する時間を意識的につくり、お客様との会話量を増やして、すれ違いがちだった接点を、改めてつくり直す。
- ときには、無料でメイク直しをしてあげることも。

- 出産に伴う体調や髪のコンディションなど、状況の変化を察して、電話予約の段階で"気になることをカバーするメニュー"を提案。
- 女性同士だからこそ言える雰囲気をつくり、同性だからこそ聞ける情報を収集する。
- 以上のような条件から、ヘッドスパを提案したことを朝のミーティングで確認。お客様に髪や頭皮をケアしてもらいながら、できるだけリラックスしてもらいたい。
- ヘッドスパに関しては"押し付け"にならないよう、来店してから相談して、最終的に決定する。
- 時間をいつも以上に意識して、約束通りにキッチリ。また、お客様の現在の生活状況を考慮し、長時間メニューの提案はNG。
- お客様の体調や気分、時間を最優先することを前提に、できるだけ相手の立場で考え、突然のキャンセルや変更をしても構わないことを予約の段階で伝え、安心感を持ってもらえるように。
- そういった経緯を、事前にスタッフにも伝えておく。

（手書きメモ）
子供産まれた
ばかりなので
なるべく早く
帰りたい！
抜け毛が
気になる
↓
スパすすめる

2:00

- クセ毛のお客様が、ボリューム感の調節をパーマで解消できるかどうか、予約電話の段階で相談してきた。
- こだわりの強いお客様なので、望んでいる仕上がりのニュアンスをしっかり聞き、ハチ上のパーマを提案。
- ただし、担当技術者がカウンセリングでもう1度、しっかり確認することを伝えておき、場合によってはメニューが変更になることも視野に入れておく。
- 朝のミーティングで予約電話でのやりとりを報告し、カウンセリングの徹底と、メニュー変更もあり得ることを確認。
- 予約をあえて夜の時間帯に設定し、メニューの変更などで施術が長引いても支障が出ないよう、後には予約を入れない。

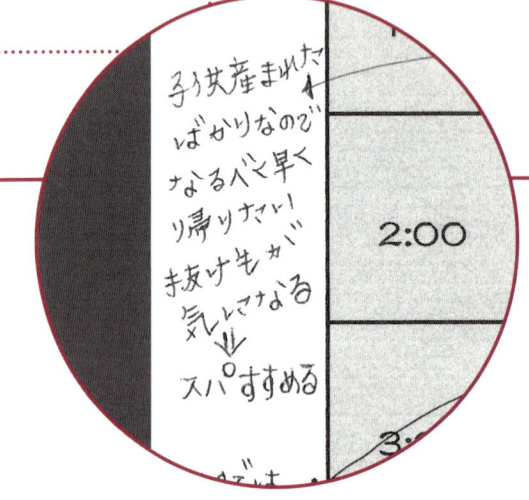

- 長く来ているミセスのお客様。いつもプレーンな仕上げで帰られるが、予約電話のときに希望の終了時間を確認したところ、この日はサロンを出た後に2人で同窓会に行くことを聞いた。
- 後に予定があるので、仕上がりの時間を朝のミーティングで確認し、サービスとしてメイクのお直しや、洋服の雰囲気に合わせたヘアアレンジを提案することをスタッフ全員で意思一致。
- 時間に対する配慮と、あえて無料でできるサービスを提案していくことで、"想い出づくりの手伝い"をしていくと同時に、サロンに対するお客様の親近感を高めていくようにする。

Chapter 4

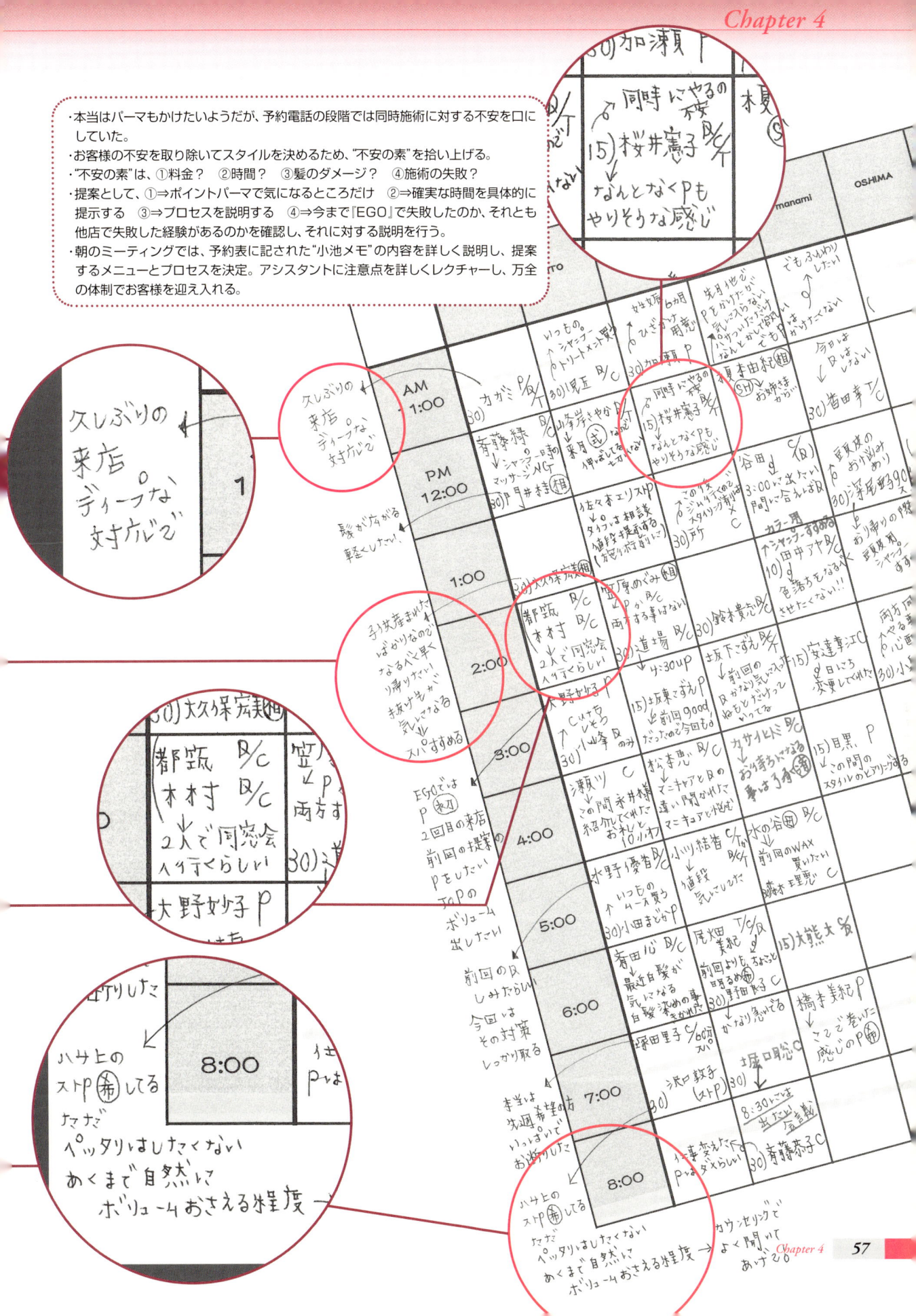

- 本当はパーマもかけたいようだが、予約電話の段階では同時施術に対する不安を口にしていた。
- お客様の不安を取り除いてスタイルを決めるため、"不安の素"を拾い上げる。
- "不安の素"は、①料金？ ②時間？ ③髪のダメージ？ ④施術の失敗？
- 提案として、①⇒ポイントパーマで気になるところだけ ②⇒確実な時間を具体的に提示する ③⇒プロセスを説明する ④⇒今まで『EGO』で失敗したのか、それとも他店で失敗した経験があるのかを確認し、それに対する説明を行う。
- 朝のミーティングでは、予約表に記された"小池メモ"の内容を詳しく説明し、提案するメニューとプロセスを決定。アシスタントに注意点を詳しくレクチャーし、万全の体制でお客様を迎え入れる。

INTERVIEW ③
新規客を闇雲に求める前に、今いるお客様をしっかりつなぎ止める

人口の減少、少子高齢化という流れの中で、今まで以上に新規顧客の獲得が困難になってきている美容室。そのためには、従来のような"ヘアデザイン至上主義"から脱却していく発想とアクションが、経営者に求められている。サロンを経営するとき、常に話題になる「生産性」というテーマ。"失わない生産性"を提唱している吉田さんは、どのように考えているのか。話を聞いてみた。

「生産性」の捉え方をリセット

――吉田さんたちの考え方で印象的なのが、サロンの「生産性」に対する捉え方です。今まで「生産性」というと、まるでファクトリーの生産ラインのようなイメージで、「いかに品質の安定したモノを合理的に、効率よくつくり続けるか」といった発想がほとんどだったのですが…。

吉田 ええ。でも、美容室に対する今のお客様の要望を理解したうえで、サロンの生産性を考えた場合、本当に直接お金をいただくことだけが生産性なのか？ という違和感が、僕の考えの根本にあるんですよ。で、もし、その発想を今もお持ちの美容室経営者がいるのだとしたら、それはかなり感覚がズレているのではないかと思っています。と言うのも、僕は以前から"失わない生産性"とでも表現すればいいのでしょうか、端的に言えば失客を防ぐことも「生産性」の1つと捉えているからです。

もう1度、21世紀の日本の美容業界を冷静に観察して欲しいんですが、現代は、まるで"使い捨て"のようにしても大丈夫なほど新しいお客様が来る時代でしょうか？ そんなことは、あり得ないですよね。いかにして今、お店にいらっしゃっているお客様を失うことなく、長いお付き合いをしていくか――。それが問われている気がします。

やはり、失わないことによって実績をつくっている部分って大きいんですよ。そういうふうに発想を転換すると「失わないこと＝生産性」という考えをベースに、サロンを経営していく覚悟と度胸がついてくるんです。

――確かに、急速に少子高齢化が進んでいる今の日本の社会で、新規客が豊富にやって来るなんてこと、まず、あり得ませんね。

吉田 お店の実績を上げていくことを考えた場合、シンプルに表現すれば「今いる顧客を手放さず、新規を増やす」ということになるんですが、じゃあ、顧客を手放さないために何が必要かと考えると、例えば「安心感」とか「特別感」とか、あるいは「密着感」とか「親近感」といったものではないかと。

一方、新規を増やすためには「期待感」とか、い

『EGO』発！顧客をつなぎ止めるツールたち

『EGO』では、顧客をつなぎ止めるアクションの大半を、レセプショニストが担当している。インタビューで説明されている通り、主な目的は、お客様に「特別感」や「親近感」、「安心感」や「密着感」を与えること。当然ながら、一人ひとりへのパーソナル対応が基本になる。ここでは、彼女たちの意見やアイデアによって開発されたツールと、その使い方のポイントを紹介する。

●メンバーズカード
デザインと材質の違いで一般客とVIPを区別。『EGO』のコンセプトや還元ポイントの使い方を記したケースに挟んで渡している。受け渡しはすべてレセプションが担当し、スマートさを演出。美容師が関わらないことで、レセプショニストの存在感と専門性を感じてもらい、他のサロンと差別化している。

い意味での「差別感」とか、あるいは「お得感」みたいなものが必要になる。もちろん、質の高いヘアスタイルを提供していくことが大前提としてありますよ。でも、今はそれだけでは十分ではないんですよ。つまり、技術を売っているだけでは支持してもらえない時代。「上手ければ…」とか「技術を磨いておけばお客様が来る」という考えは、まさに20世紀型の発想で、それだけでは、これからの時代は支持されないと思いますよ。

"プラスアルファ"としてのレセプション機能

──技術力やデザイン力のアップだけでは、必ずしもサロンが繁栄するための条件ではなくなってきていると…。

吉田 そうですね。プラスアルファが必要です。その1つが、僕はレセプションの機能だと考えているんです。なぜなら、先ほどお話した、顧客を手放さないために必要な「安心感」とか「特別感」とか「密着感」といったことに関しては、かなりの部分をレセプションがすくい上げていくことができるからなんです。例えば、お客様一人ひとりに向けたDMを書いたり、メールを発信したり…。場合によってはオピニオンリーダーになるお客様を接待することも、マン・ツー・マンで関わる技術者より、サロン全体の業務に関わっているレセプションの方がやりやすいし、彼女たちの業務としてやった方が、実際、お客様のサロンへの根付きが高い。

あとは電話の応対など。私たちのサロンでは、特定の技術者、アシスタント、レセプショニストがユニットを組んでいて、現在、数名のレセプショニストはスタイリストの「専属」になっていますから、お客様の本音をすくい上げることとか、担当の技術者がやりきれなかったフォローアップといった、「安心感」や「密着感」を感じてもらえるようなアプローチができるんです。そういった気配りなどが、お客様の根付き、つまり定着をよくしていると思う。これが、言葉を換えれば「失わないこと」という意味の"生産性"です。

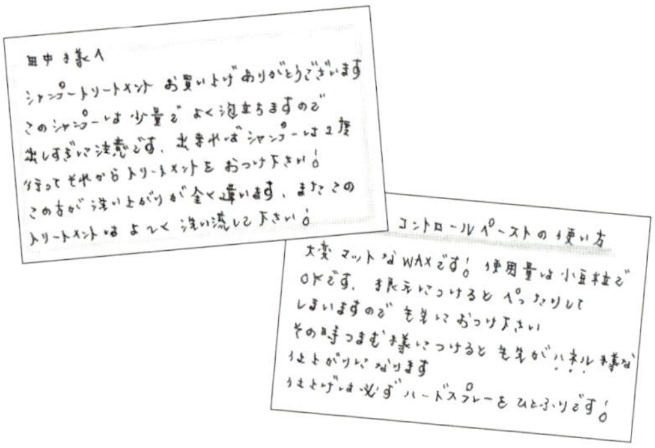

Reception Navi　　　　　　　　　　　　　　　　　　　　　　　　　　　　Chapter 4

●店販商品使用説明書
メーカー既成のものでなく、自分たちが使うことで得た情報を手書きで作成。加えて、使い勝手などを中心に、お渡しするお客様が求めている情報をまとめ、個人宛にして商品と一緒に手渡し。きめ細かい対応で、親近感や安心感を取りつける。

●プロモーション用ヘッドスパ
無料招待券＆お勧めメニュー
（RECOMMEND MENU）
ご紹介が見込めそうなお客様に「ぜひご体験いただき、よろしかったらお友だちをご紹介ください」と言葉を添えて手渡し。相手に特別感を味わってもらう。1か月に3名程度。

●スタイリスト勤務予定
担当技術者の不在日や夏季休暇、お店の年末年始休暇などのお知らせを記し、お会計のときに手渡し。お客様のスケジュールに支障をきたさないよう、先回りして知らせることで、安心感や密着感を醸成する。

●季節ごとの
お勧めスタイル(life)
スタッフがつくったヘアスタイルを撮影し、シーズンごとにカタログ感覚で小冊子に編集して手渡し。お客様が髪型を変えるときなどのヒントになるように。カウンセリングのときに使用することも。

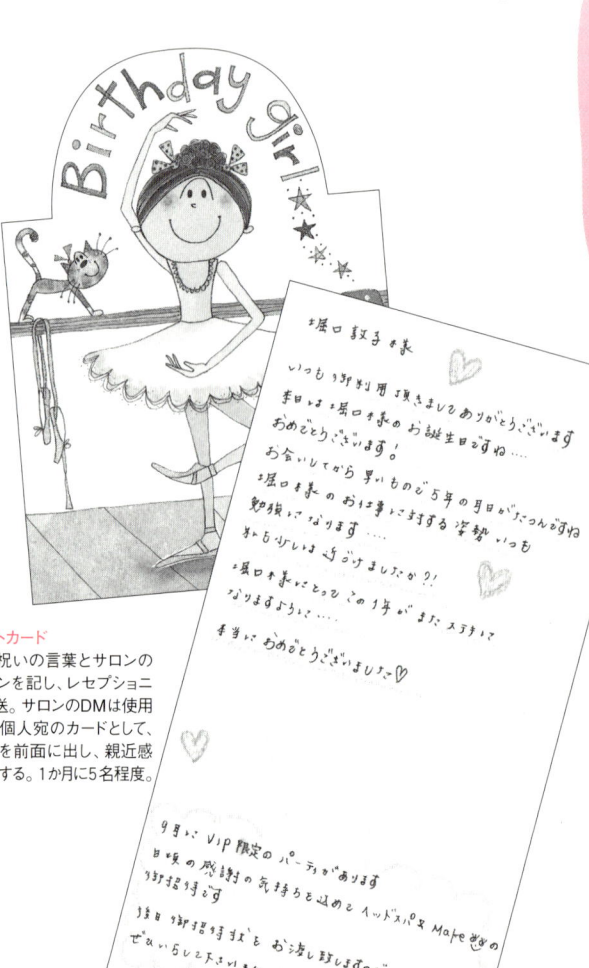

●誕生日コメントカード
VIPに向けてお祝いの言葉とサロンのインフォメーションを記し、レセプショニストの名前で郵送。サロンのDMは使用せず、あくまでも個人宛のカードとして、パーソナル感覚を前面に出し、親近感や密着感を醸成する。1か月に5名程度。

60　Chapter 4

Chapter 5

レセプション、オーナー、技術者、アシスタントの関係と連携

- 小さいときから組織図をつくり、各自の位置づけを明確にする
- リストの「縦軸」と「横軸」で、仕事のつながりをイメージ
- 各スタッフの仕事を並列に置く
- お客様と美容師に対するメリットを説明していく
- 美容師が不得意な部分をサポートしてもらうように要請
- みんなが"理想のサロン像"を共有
- サロン内の「お母さん」「相談役」が理想のレセプショニスト像

INTERVIEW④
地域とのつながりを意識して、積極的にプロモーションしていく

「今、すべきこと」を明確にし、責任の所在や役割分担を整理することで、各ポジションの連携を確かにする

小さいときから組織図をつくり、各自の位置づけを明確にする

　私たちのサロンの規模は、決して大きくありません。大きくありませんが、オーナー、店長、技術者、アシスタント、そしてレセプショニストと、ポジションによって守備範囲を分けたり、役職を設けたりしています。これは、オープン間もない頃、具体的にはスタッフが4人の頃から実践していることで、付け加えればこの頃から"第3の目"であるレセプションを置いていました。

　この頃に考えていたのは、働く人間が仕事に注ぐエネルギーは、所属する組織の規模に左右されるものではないということ。つまり、働く人間にとって、大きな組織だからエネルギーをたくさん注ぎ、組織が小さければ注ぐエネルギーも小さくなる——ということではないということです。だからこそ、4人のときからレセプションを置き、それぞれの守備範囲を整理して、各々がすべきことを明確にしていったのです。

　「仕事の整理」とも言い換えられる、こういった役割分担に関して、「うちは(店が)小さいから…」「人数が少ないから…」という理由を逃げ口上にして実行しないのだとしたら、そのサロンはいつまで経ってもしっかりした連携プレイは実現できないと思いますし、スタッフの成長も期待できません。

　振り返ってみると、私たちのサロンでは、オープン数年後の5人体制の頃から、組織図(次ページ参照)を具体的につくっていました。これを、自分では「会社ごっこ」と呼んでいたのですが、実は、この"ごっこ"をすることに大切な意味があると思っています。その理由は、オーナーが理想のサロンを明確にイメージし、目標をかなり具体的に描いていくことができるから。目標が具体的にイメージできれば、そこから逆算して「各スタッフが今、すべきこと」が浮かび上がってきますし、そこから各業務に対する責任の所在やスタッフの役割分担が生まれ、その結果として仕事の内容が整理されていくのです。

『EGO』の組織図 (2009.4.現在)

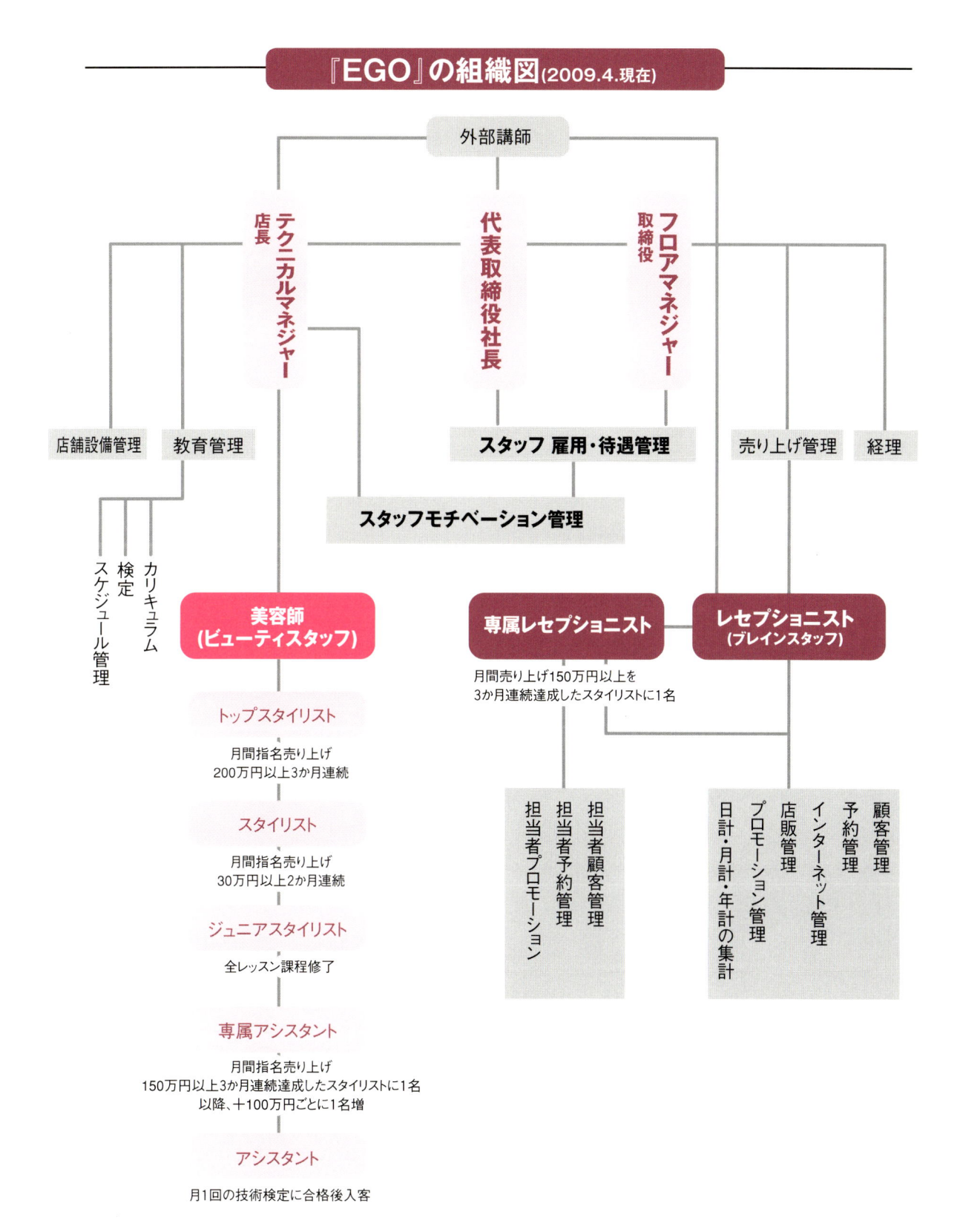

```
                          外部講師
                             │
   ┌─────────────┬───────────┼───────────┬─────────────┐
   │             │           │           │             │
テクニカルマネジャー    代表取締役社長    フロアマネジャー
   店長                                      取締役
   │             │           │           │             │
   │             │     スタッフ 雇用・待遇管理           │
   │             │                                    │
   │             │     スタッフモチベーション管理         │
   │             │                                    │
店舗設備管理  教育管理                          売り上げ管理  経理
   │    ┌──┬──┐
   │    │  │  │
   │  カ 検 スケジュール管理
   │  リ 定
   │  キ
   │  ュ
   │  ラ
   │  ム
   │
   ▼
【美容師
 (ビューティスタッフ)】      【専属レセプショニスト】    【レセプショニスト
                                                      (ブレインスタッフ)】
   │                        月間売り上げ150万円以上を
   │                        3か月連続達成したスタイリストに1名
トップスタイリスト
   │
   月間指名売り上げ
   200万円以上3か月連続
   │
スタイリスト
   │
   月間指名売り上げ
   30万円以上2か月連続
   │
ジュニアスタイリスト
   │
   全レッスン課程修了
   │
専属アシスタント                 担当者プロモーション    日計・月計・年計の集計
   │                           担当者顧客管理          店販管理
   月間指名売り上げ              担当者予約管理          プロモーション管理
   150万円以上3か月連続達成したスタイリストに1名            インターネット管理
   以降、＋100万円ごとに1名増                            予約管理
   │                                                顧客管理
アシスタント

   月1回の技術検定に合格後入客
```

Chapter 5

また、各スタッフに、頑張ってもらいたい内容を具体的に伝えることができます。スタッフの側にしてみれば、ただ「頑張って！」と尻を叩かれるのではなく、頑張る方向性や内容が明確になるので頑張りがいがある。毎日の仕事や練習に目的を持ち、手応えを感じながら向かうことができるようになるのです。

リストの「縦軸」と「横軸」で、仕事のつながりをイメージ

では、具体的には、どのようなプロセスで、各ポジションの役割や責任を整理していくのがいいのでしょうか？

私たちが最初にやったのは、曜日ごとの「To Do List」をそれぞれのポジションごとに整理していくことでした。例えば、月曜日に店長がやることは○○○、レセプションがやることは○○○…といった具合に書き出して並べ、1つの表にしていく。そうすると、それぞれの「すべきこと」が整理されるだけでなく、ポジションの違うスタッフが連携すべき仕事が浮かび上がってくるのです。

それをサロンの成長度に合わせて進化させ、各自の業務と各ポジションの関連性が見えるようにしたのが、2003年頃から実施している「Must List」。ちなみに、09年のものは次のページに掲載していますが、このリストをスタッフルームに貼り出すことで、日常的に自分の仕事が再確認できる。また、責任の所在がハッキリすることで、他のポジションの人の守備範囲が理解しやすくなると同時に、尊重し合えるようになっていくのです。

ポジションという「縦軸」で各自の業務内容を整理し、それらを並列させることで見えてくる「横軸」で、スタッフ間の連携がわかってくる。お店の規模が小さく、スタッフの数が少ないサロンでも、ぜひ、実践してみることをお勧めします。と言うより、むしろ、これはサロン規模が小さいときの方がやりやすいはず。この「Must List」を整理していくことで、サロン全体の仕事が俯瞰でき、整理しやすくなるからです。

また、リストを整理していくときに的確な言葉を探していく過程で、見つけた言葉から仕事に対する新しい発想が浮かんでくることも頻繁にあります。例えば、私たちの「Must List」には、店長の仕事の1つとして、勉強会の部分に「(スタッフの)モチベーション管理」という項目が記されているのですが、こういった当人の感覚や意識に依存している業務に言葉を与えることで、担当者は仕事として意識し、その方法を考えるようになる。そうすると、何となく「モチベーション管理」という仕事の輪郭が見えてくるように感じられてくるのです。

その他にも、リストにするメリットとして、着実に実践していきやすくなるという点があります。つまり、言葉にして貼り出しておくことで、常に「やるという意識」を保つことができるということ。人間はどうしてもその日の気分や体調などに左右されて、面倒なことはやったりやらなか

2009年度『EGO』Must List

	オーナー	店長	スタイリスト	アシスタント	レセプショニスト
営業	会社経営 資金調達 集客プロデュース オペレーション管理 プロモーション管理 店舗管理 商品企画 売り上げ管理(会社) 集客 接客 教育・指導 外来者対応 雇用管理 全品質管理	スタッフ管理 インターネット管理 売り上げ管理 (店全体・各スタイリスト) 店舗管理 商品管理 (技術・デザイン) 売り上げ報告 集客 接客 教育・指導 外来者対応	売り上げ 集客 接客 返客 教育・指導 販売	サポート 各技術アシスト 接客 専属ヘルプ アシスタントリーダー フォーメーション 教育・指導 アプローチ クリンリネス	チェックイン チェックアウト 予約管理 店販管理 顧客管理 オペレーション管理 プロモーション管理 販売 統計 教育・指導 現金管理 外来者対応
外部	各役所申請・申告 セミナー 撮影 美容学校 取材対応 各キャスティング	スタッフ管理 セミナー 撮影 美容学校 カットコンペ実行委員	作品撮り フォトコン出品 ・JHA ・メーカー ・ディーラー ・ジャーナル 商品撮り (サロンスタイル) セミナー 撮影 美容学校	セミナー 撮影 美容学校 モデルハント カットコンペ 作品撮り	セミナー 経理雑務 免許登録
勉強会	フォーマット作成 カタログ制作 メイク課キャップ 毛髪科学 店内プライマリー マニュアル制作 ハイスタンダード制作	モチベーション管理 レッスン管理 レッスン計画 レッスン報告 チェック管理 チェック報告 マニュアル制作 セット課キャップ	講師 自己スキルアップ メイク課 セット課 カタログ制作 マニュアル制作 My Book 制作	カリキュラムレッスン プライマリーレッスン カットコンペレッスン メイク直し カールアイロン メイク課 セット課 デッサン My Book 制作	ハンドマッサージ メイク直し 毛髪科学 店販知識

ったりしがちなもの。そういったブレを最小限に留め、コンスタントに実行していく"環境設定"の1つとして、リストに書き出して整理し、みんなの目にとまる場所に掲示しておくことは、意味のあることだと考えています。

各スタッフの仕事を並列に置く

　私たちのサロンでは、以上のように仕事の連携をサポートする工夫をしています。つまり、自分以外のスタッフの守備範囲と責任の所在を理解しやすくしていく。それが明確になっていないと、効果的な連携プレイができないと考えているからです。

　これは、言い換えると、ポジションの違うスタッフが連携できるかどうかは、ほぼオーナーの手腕にかかっているということ。方法や手段は、それぞれのサロンにフィットしたもので構いませんが、とにかく最初の段階から、理解してもらえるように取り組んでいくことが重要です。

　また、美容師である技術者やアシスタントと、美容師ではないレセプションの関係を考えたとき、美容師同士である技術者とアシスタントの連携関係は、すでに確立されているところが大半。それに対し、レセプションとの関係性を考えると、組織内でのランク付けが、「美容師が考える美容」を軸として考えたものでしかない場合が、現状として多いということ。つまり、美容師にとって都合のいいランク付けであって、ひどいときには入社間もないアシスタントよりも低く、単なる雑用係としてしか認識されていないケースが、多く見受けられるのです。

　しかし、21世紀の美容室の業務を「サービス業」「おもてなし業」と捉えたとき、そのような美容師本位のランク付けは、ちょっと違うのではないか——。

　なぜなら、サロンを「お客様が滞在する空間＝ハコ」として考えたとき、サロンに来る理由が変わってきているからです。具体的には、髪を切ってもらうことだけでなく、"その次"のレベルも期待しているということ。"その次"とは、心地よいサービスを体験することであり、現在の美容室は「サービス」という大きな枠の中に、お客様に提供するものの一部分として「技術」や「デザイン」が存在している構造になっていると、私たちは考えているのです(次ページの図を参照)。ですから、美容室というハコの中で働くスタッフを同列に並べて考える必要があり、決してランクの上下で捉えるべきではありません。また、各ポジションが並列に存在しているからこそ、それぞれの役割、分担、守備範囲があるという考え方ができるのです。

　つまり、オーナーがそれぞれの守備範囲を同じように重視し、どれだけ尊重するかによって、スタッフの連携のレベルは決まってくると考えられるのです。

　だから、もし、あなたのサロンの仕事ぶりに少しでも違和感を抱いたり、まだまだ進化する可能性が感じられる部分があるのならば、美容師とレセプションを並列に置き、サロン業務

21世紀のサロンサービス

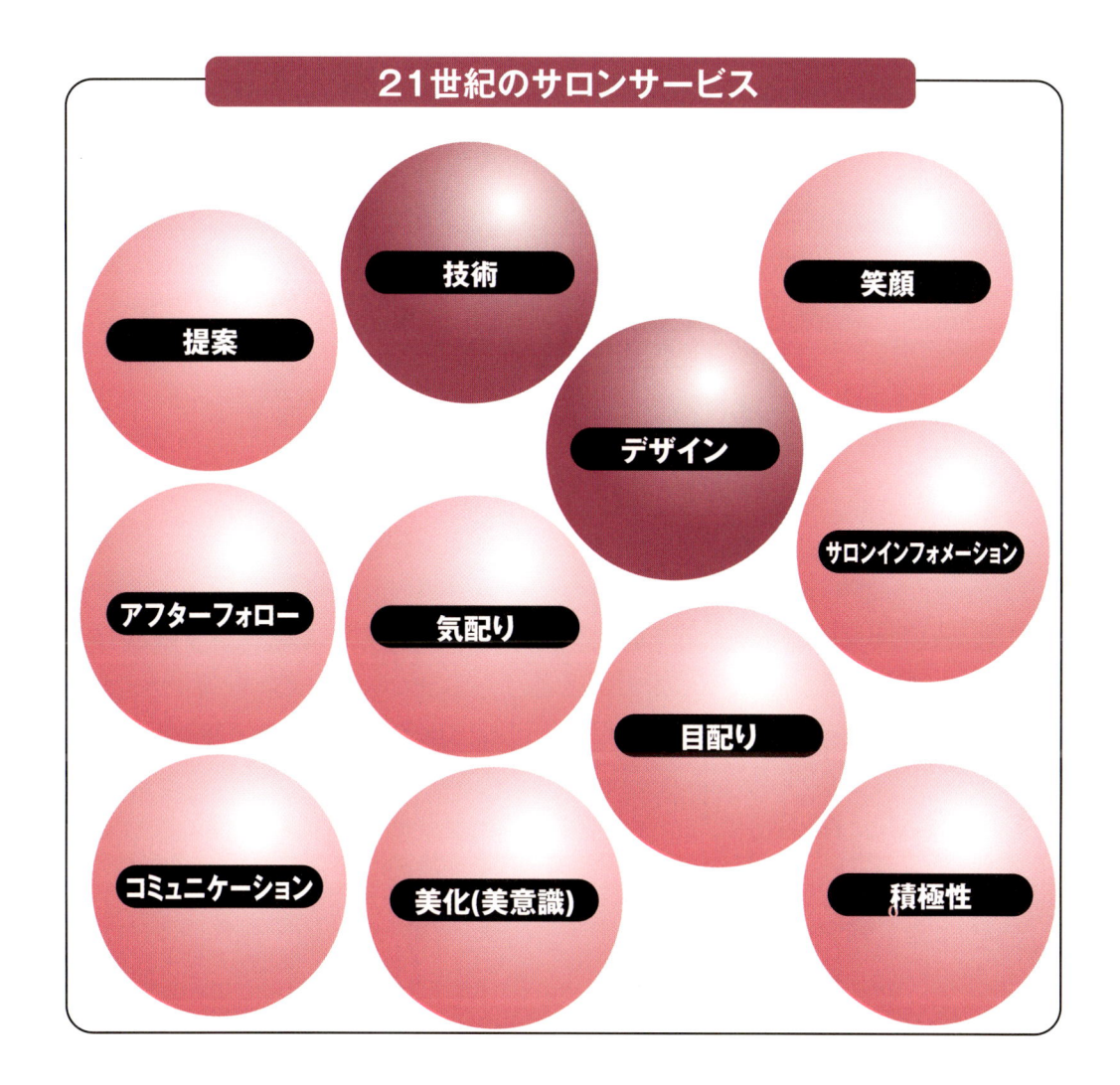

- 技術
- 提案
- 笑顔
- デザイン
- サロンインフォメーション
- アフターフォロー
- 気配り
- 目配り
- コミュニケーション
- 美化(美意識)
- 積極性

の分業を導入していくべき。

　例えば、お客様の支持が高いレストランのスタッフが、シェフだから「美味しい料理を提供する」、ウエイターだから「ていねいに料理を運ぶ」ことを仕事にしているのではなく、全員が「お客様に楽しい時間を過ごしてもらう」という意識の下で、それぞれの役割と向き合っているように、美容室にいるどのポジションの人も、お客様に対する気配りや勘を働かせながら、並列の立場として互いに連携を取っていくことが最も大切。そのために、美容師にはレセプションの役割を理解させることが必要ですし、レセプションに対しては、自分自身の仕事に対するモチベーションを下げないよう、オーナーは常に働きかけていくことが大切です。

お客様と美容師に対するメリットを説明していく

　レセプション、あるいは"第3の目"の必要性を技術者やアシスタントに理解させていくためには、朝礼や終礼、あるいはミーティングなどの要

所で、オーナーが伝える努力を続けていくことが欠かせません。それも、単に思いつきでやるのでは説得力を持ちません。

　つまり、相手に理解してもらえるような説明をするために、「お客様にとって非常にいいこと」であり、「自分たちのお店にとって、その発想がとても必要」だということ、そして「結果として、一人ひとりの技術者の仕事を、いい方向に導いてくれる」ことをオーナーが深く理解しなければなりません。加えて、それらを自分の言葉で話していかなければ、真剣さは伝わっていきません。間違っても、ただ「オーナーとしてやってみたいから」とか、「オーナーにとって必要だから」という発想ではスタッフに理解されませんし、共感も得られません。あくまでも「お客様にとって非常にいい」という考えが出発点にあることを明確にしておかなければならないのです。

　レセプションが機能することによって、技術者やアシスタントの負担が軽減される部分、お客様に提供できるようになるサービスの深まりなど、そういったものをわかりやすく示し、お店全体としてできることが広がっていくことやメリットを具体的に伝えていく。人件費などのリスクに関しては本来、スタッフに心配させることではなく、オーナーの仕事です。

美容師が不得意な部分を
サポートしてもらうように要請

　一方、レセプションに対しては、自分たちのお店が最終的に目指している姿を明確に伝え、その中でポジションを確立することが、どんなメリットにつながっていくのかについて説明していくことが大切です。つまり、レセプションが機能し、サービスを提供してお客様に喜んでもらうことが組織にとってどのくらい大切であるのかを説明すると同時に、それが美容師という職業人にとっては不得意な分野であることを解説し、「そこをサポートして欲しい」と──。レセプショニストであるあなたにしかできないということを強く伝え、サポートの要請をしていきます。

　また、レセプションが理不尽な批判にさらされたときなど、オーナーがいわゆる"味方"として守ってあげるべきときが、具体的にあることも想定しておきます。そのスタンスとしては、「レセプションというポジションが自分たちのお店にとって必要だから守る」ということ。間違っても、甘やかすことではありません。しかし、そのためにはオーナーとレセプションの意思疎通が必要なのはもちろん、加えて店長やマネジャーも含めた価値観の共有が不可欠です。その共有感覚を養うため、私たちのサロンではオーナー、レセプション、店長が飲食を共にし、仕事とプライベートの線引きをせず、フランクにコミュニケーションを取っています。このように、話を持つ場面や構成人員を変えて"ミーティング"を重ねていくことにより、例えばオーナーがサロン現場にいないとき、レセプションが店長の相談役になる土壌ができ上がっていくのです。つまり、互いを公私に隔たりなく理解していくことで、相手

を認め、信頼し、ときには頼っていくという関係性が構築されていくと、私たちは考えています。

　これは、美容師側からすれば、意見を聞ける相手が増えるというメリットになります。特に、集客などのお客様に関わることや、スタッフの人事的なことに関する意見を収集するチャンネルとして、大きな存在感を発揮します。

　また、当然のことですが、各スタッフの行動で気になること、印象的なことがあれば営業中、もしくは営業後にスタッフルームなどで、"個人ミーティング"を実践し、そのアクションの意味を聞いたり、意見交換をしています。このポイントは、できるだけ鮮度の高い状態で伝えていけるよう、なるべくタイムラグをつくらないようにすること。スタッフのアクションの裏にある考えや理由を聞いて、評価したり、アドバイスしたりといったことを、綿密にやっていきます。

みんなが"理想のサロン像"を共有

　さらには、美容師とレセプションの両者に対して、それぞれのポジションが確立され、お互い

Reception Navi

の連携が高いレベルで機能したときに、"理想のサロン"が実現することが具体的にイメージできるよう、明確に伝えていく必要もあります。ここで言う"理想のサロン"については、スタッフと話し合いながらハッキリさせていくことがポイントで、当然、話し合いの過程では異論が出ることもあります。しかし、その「異論」を完全に拒否するのではなく、1度受け取り、そこから協議しながらクリアにしていくことが必要。ときには、多少の軌道修正をする場合もあります。

　要するに、何かをスタッフに提案したり、一緒にやっていくときには、「起承転結」をイメージし、ときには「転」＝緊急事態も予測しておくことが必要だということ。美容室という空間は、その出発点がオーナーの持つイメージにあるのは確かですが、最終的にはスタッフみんなでつくり上げていくもの。その"みんな"の中には、当然、レセプショニストも含まれているのです。

サロン内の「お母さん」「相談役」が理想のレセプショニスト像

　このように、各スタッフの連携を考えてみると、理想のレセプショニストは、サロン内の「お母さん」であり「相談役」であることです。別の言い方をすると、レセプションを育てるときには、サロン内に存在するスタッフの、ときにはお客様にとっても"お母さん的"なポジションとして持っていく必要があるということです。そのくらい、サロンにとって重要な存在にレセプションを育てていくには、まず、ミーティングで積極的に発言させていくことがポイント。レセプションにとっても、ミーティングでの発言は、自分たちがサロン内で美容師と同等の立場であることをハッキリ知るチャンスです。

　また、秘書的な存在としてオーナーと行動を共にし、価値観を共有していくことで、周りのスタッフは少しずつ、「相談相手」の1人として認識していくようになります。

　さらには、レセプショニスト一人ひとりの得意な部分を評価し、その部分をオーナーが重宝がってあげることで、みんなに存在感を認めさせていくこともポイント。レセプションの立場からすれば、自分自身が組織内での必要性を肌で感じることができないと、仕事に対して情熱を傾けにくくなってしまうからです。

　人間は誰でも、不得意な部分を埋めるエネルギーより、得意な部分を伸ばすエネルギーの方が発揮しやすいもの。この「長所伸展法」の視点が、育てていくときにはとても大切。各々の人間性や資質の部分で輝いているものを引き出して認め、気持ちをポジティブなものにしてから、不得意なものも指摘して、一緒に修正しながら仕事を広げていく。決して促成栽培ではなく、心の部分のケアも絡めながら、マン・ツー・マンでじっくり育ててあげるくらいの懐の深さが、こちら側に必要だということを肝に銘じていただきたいと思います。

INTERVIEW ④
地域とのつながりを意識して、積極的にプロモーションしていく

サロンをアピールしていく「プロモーション」が、重要な業務の1つとして位置付けられているレセプション。実際、『EGO』では、どんなプロモーションを展開しているのか。レセプショニストで取締役でもある小池さんに、具体的なアクションについて聞いた。

オープン前から活動開始

——小池さんは『EGO』が北千住から銀座に移転するときに、既存のお客様以外にも、積極的にプロモーション活動を行ったということですが、どんなことをしたのですか。

小池 銀座のお店がオープンする3か月くらい前からなんですが、まず、ファーストステップとして、北千住にいる既存のお客様をどのように新しいお店に誘導するか。セカンドステップとして、その方たちを銀座に呼んだ後、どうやってお客様を増やしていくか。その2つを考えながら動きましたね。

でも、スペースは2倍、家賃は4倍近くになっていくので、既存のお客様が100％来てくれたとしても、やっぱり足りないんですよ。だから、新しいお客様を獲得するために、レセプションはもちろん、オーナーの吉田も含め、全員の親戚とか友だち、知り合いや行きつけの店を洗い直して、来ていただける人はいないだろうかと…。自分たちの身の周りからフライヤーを送ったり、ときには実際に会いに行って、「今度、銀座にオープンするので来てくれませんか」と。私も200人くらいやりました。でも、足りないんですよ(苦笑)。

で、まだお店が工事しているときから、自分の身の周りのモノや会社で必要なモノはすべて銀座で買うようにしていったんです。それこそ、トイレットペーパーのような日用消耗品はもちろん、メイク用品は必ず同じ百貨店の同じ売り場で、同じ方から買うんですね。あとは、自分自身の洋服とか…。やっぱり、知ってもらうことが大切だと思いましたし、そうやって親しくさせていただきながら、「今度、この場所に美容室をオープンしますので、よろしかったらお寄りください」と。

ただ、こちらを憶えてもらうためには、単に数多く顔を出しても来てもらえないと思っていたので、自分たちが買い物をするときの"出で立ち"もすごく考えたんですよ。

と言うのも、美容師さんってオフのときは、すごくカジュアルな格好の人が多いんですが、私の場合は、オフのときでも銀座で買い物するという

Reception Navi

ことは立派なプロモーション活動ですから、サロンのイメージとズレない服装をしていかなければいけない。場所が銀座ですから、あまりにもOLさんっぽい格好では紛れてしまって憶えてもらえないと思ったので、ちょっとインパクトのある格好というか、ファッション性の高い服を着たり、ヘアだってわざわざセットをしたり、髪飾りをつけたりと、印象的なファッションで買い物に行き、相手に憶えてもらうことを心がけました。

——まずは、地元の人に憶えてもらうことから始めたわけですね。

プロモーションとしての"無料ご招待"

小池 はい。それから、近隣の百貨店の総務部に連絡を取って、DMやフライヤーを持って行ったり、周りにあるファッション性の高いブティックにも行きました。もちろん、地元の個人商店にも足を運んで、特にオープンしてからしばらくは、お店のご案内をするだけでなく、月に2回くらい休みの日にお店を開けて、お客様を無料でご招待しました。

——と言いますと…。

小池 フライヤーを渡すだけでなく、次の火曜日(休みの日)にお店を開けて、ヘッドスパとメイクを無料で体験してもらったんです。1回につき10名程度に限定して行ったのですが、フライヤーを配るときに「○月○日にスパとメイクのサービスをご提供させていただきますので、よろしければご希望の時間を電話でご予約ください」と伝えていました。だから、フライヤーだけでなく、手書きのお手紙も必要でしたし…。その部分で考えると、私の感触では、個人商店の人たちの方が来てくれたかなぁ、と。やっぱり、百貨店のような大きいところだと、実際に来て欲しい女性社員まで、こちらの想いが行き渡らないんですよ。その点、個人商店の人たちは地元に愛着を持っていて、横のつながりを大切にする人たちですから…。そういう考え方は、都心の銀座だろうが郊外だろうが、一緒だと思いますね。このとき、自分たちが足を運んで挨拶をしてという、まさに「足で稼ぐ」ことの大切さを実感しましたよね。

——その効果は、どのように表れましたか。

小池 相手にしてみれば、急にフライヤーを持って説明に来られても、ちょっといかがわしいでしょ(笑)。女性は、そういうことに対して怖いという感覚を持っていますから、何度も通って心地よい印象を与えなければいけないし、また「無料」というのもいかがわしい。だから、安心感を与えることがとても大事だと思っていて、そのためにも可能な限り何度も顔を出して、「ちゃんとしたサロンだな」というイメージを与えることを意識しました。

でも、そうやって少しずつ、こちらのことを憶えてもらって、そのうえでスパやメイクのお誘いをすると、結構、来てくれるものですし、実際、それをやったことでお客様はとても増えました。もちろん、今も来てくれている方が大半ですし。

最近、そのときのお客様に言われることは、「最初、フライヤーを持って来たとき、美容室の人にそういったことをされた経験がなかったので、ちょっと驚いたのよ」と。他の業種だったら、飛び

込みの営業とかありますけど、美容室がそういうアプローチをしてきたので、ちょっと奇異に感じたのかもしれません。今になっても「何か、新鮮だったよ」と言われたりしますから。

――お客様からしてみれば、ちょっと新鮮で、いい意味で興味を持ったと…。

小池 ええ。でも、そこが美容室のいけないところかもしれませんね。つまり、待ちになっちゃうというか、「来月もカットとカラーに来てくれる」みたいな、妙な安心感を持ってしまう…。そんな保証、実は何もないのにね。

招待する人の"基準"をしっかり

小池 やっぱり、自分たちからプロモーションをかけていくというのが、今後の美容室の正しい在り方だと思いますね。それも、ただ単に名刺をばら撒くのではなく、きちんとしたプロモーション活動を、レセプションの仕事の中に入れていくことが大切だと…。

――なるほど。しかし、小池さんは闇雲に顔を出したわけではなくて、自分なりに"基準"を持ってお店を廻られた印象を持ちますね。

小池 そうですね。私が実際に廻ったのは100軒くらいですけど、やっぱり、自分たちのサロンのクオリティを下げないお客様であることが、自分の中では基準になっていますし、そこには厳しい目を持って、今後もやっていきたいと思っています。つまり、来て欲しいお客様のイメージをハッキリ持つことですね。

――でも、オープン当初は営業的にも厳しかったということでしたから、そういう"基準"も、背に腹は代えられないではないけど、妥協したりしなかったのですか。

小池 それはなかったですね。やっぱり、『EGO』の考えの基本に「長くお付き合いしていきたい」というのがありますし、息が長いサロンにしていきたいんですよ。パッと流行ってパッと散っちゃうのではなく、きちっとした実力をつけていきたいし、それをお客様にも感じてもらいたいんです。だから、「お金さえ払ってくれれば…」といった考えはありません。やはり、お客様の側にもエチケットを求めるというか、銀座に出すのであれば、そういうことは必ず意識しておこうと思っていましたね。だから、いくら大変だったとしても、『EGO』に合わないお客様は招かなくていいと考えていました。

――なるほど。それにしても、せっかくスパやメイクをしに来てくれたのなら、そこできちんとした対応をしないと、かえって逆効果になってしまう可能性もありますね。

小池　そこは大切な部分ですよね。それに、ただお客様をお招きしてスパをするだけじゃ意味がないですから。やっぱり、これはプロモーション活動なのであって、本音の部分はお金を払って来てもらいたいわけです。それはお客様もわかっていること。だから、そこは恥ずかしがらずに、お客様がしたらよりよくなるだろうという髪型などの「提案」はしようと、みんなで決めていました。ただ、スパとメイクをやって、ブローをしてキレイにしてさよならではなくて、「あなたの髪は、こんなふうにしたら素敵じゃないですか？」と。このサロンにお任せしてみようかなと思ってもらえるような「提案」や「カウンセリング」を、一人ひとり時間をかけてやりました。それは大切にした部分です。

あとは『EGO』としての強みのアピール。うちでは海外のオーガニックな商材を使っているのですが、オープン当時、銀座では他にその商材を使っているサロンがなかったので、「海外のオーガニックなシャンプーやトリートメントを使っているので、よかったらいかがですか」といった具合にお勧めしたり…。そういった提案をみんなで練習して、お客様にプロモーションしていきましたね。

――実際、無料サービスに関して、お客様はどのような感想を伝えてくれていますか。

小池　「誘われたときは、ちょっと驚いたけど…」と言われることが多いですけど、それと同時に「あのとき、とても心地よかったのよ」というお声もたくさんいただいて…。そういう声を聞くと、多くの女性が自分に合った美容室に出会っていないんだなとか、まだまだ美容室が決まっていないお客様が多いんだなって思いましたよね。実際、「探していたんですよね」とか「（美容室は）いっぱいあるけど、何か入りづらいんですよね」といった声が幾つもありましたし。そういった状況のときに、実際にブローやシャンプーを体験して、「このサロンなら大丈夫だ」「シャンプーがすごくよかったから、カットも大丈夫だと思って来たのよ」という人が多かったですね。

つまり、単純に無料だからやってもらうというのではなく、そういう判断をするために受けに来る。やっぱり、美容室をしっかり探したいし、きちんとした美容室なら長く通いたいという意識をお持ちの方が大半でした。

どんなエリアでも、美容室に大切なのは地域のつながり

――ところで、銀座での出店とはいえ、地域の一員になることの大切さを、とても感じてらっしゃるように思うのですが。

小池　元々、『EGO』があった北千住は下町なので、地域密着型の付き合いに慣れていましたけど、最初、銀座はそういったつながりが薄いのかなと思っていたんです。でも、意外に横のつながりが強くて、（現在、『EGO』がある）すずらん通りでも商店の会合があるくらいですから。で、たま

たま顔を出した薬局のご主人が商店会の理事をやっていて、「何かあったら言ってください」と声をかけてくれたのがきっかけで、いろいろな情報をいただけるようになったんですよ。だから、地域の方を大切にするというのは、美容室は絶対に外してはいけないことだと思っていて…。ご挨拶はもちろん、実際にオープンするときには、「向こう三軒両隣」の言葉ではないですけど、ご近所にお菓子をお持ちしたりと、そういった意味でのご挨拶回りはしましたよね。

　それに、地元の方たちと付き合う理由の1つに、やっぱり商店会の方からのご紹介客が多いというのがあるんですよね。もちろん、百貨店やブティックにもフライヤーを持って行って、スパやメイクをしに来てもらったりしていますけど、長続きする人がそれほど多くないし、ご紹介の広がりもそれほどでもないんです。でも、地元の商店の方は、自分の知り合いだけでなく、自分のお店に来るお客様まで紹介してくれますので、とにかく広がりがすごいんですよ。もう、移転して4年経っていますけど、オープン当初から来てくれているお客様は、商店会の方が紹介してくれた方が多いですよね。すごい確率です。

「VIPパーティ」として現在も継続

——銀座に店をオープンされた当初から始めた、スパやメイクのサービスは、現在は少しかたちを変えて続けているということですが。

小池　今は半年に1回くらいの割合ですが、1回に10名くらいのVIPのお客様だけをお呼びして開いています。その基準としては、お客様を紹介してくれたり、オピニオンリーダー的な方をお招きすることが多いのですが、そこではシャンパンなど、普段とは違う飲み物を出して楽しんでもらっています。

　で、そこでもプロモーションとして、「よかったら、またお客様のご紹介をお願いします」と本音の部分を伝えています。でも、そうすると、北千住にサロンがあった時代から10年以上通っているお客様でも、「そう言えばあの人、まだ呼んでいなかったわ」と、自分の知り合いを改めて洗い直して紹介してくれるんですよ。

　施術はヘッドスパがメインで、カットやカラーやパーマといった髪型を変えるメニューはありません。と言うのも、このパーティのコンセプトがまさに「癒し」なので、スパの他にはメイク、そしてセットといったメニューにしています。あとは、普段だとなかなか担当の美容師とゆっくりお話ができず、サロンとしては申し訳ないという想いがあるので、それこそソファに隣り合って座って、お茶でも飲みながらゆっくり話をしたり…。もちろん、レセプションも含めてね。

　実際にやるのは火曜日なので、お客様は仕事帰りの方もいたりします。だから、ご都合を前もってお伺いして、パーティの時間帯を夕方から夜に設定したり、音楽も普段とは違う雰囲気の曲を流したり、照明も少し落としたりして、いつもと違うムードを演出しています。スタッフも各自、いつもとはちょっと違った洋服を着て来たりして、普段は禁止の帽子を被ってきたり…。そうすると、

お客様からは「担当スタッフの意外な一面を知ることができた」と好評なんですよ。サロン側からしてみれば、日頃、お客様に甘えてしまっている部分に対する"懺悔の1日"なんですけどね(笑)。

　でも、こういうときこそ『EGO』のおもてなしをしっかり体験してもらって、「いつも想っているんですよ」ということを伝え直したいというか…。だから、声をかけてお誘いするだけでなく、きちんとしたインビテーションカード(招待状)をお送りして、相手にとっても「私は特別なお客様なのね」というワクワク感やドキドキ感を楽しんでもらいたいと思っているんです。実際、美容室からのそういうお誘いって、なかなかないと思うので、ちょっと特別な演出をして楽しんでもらい、『EGO』に対する親近感を高めてもらえたらと。だから名前も「スペシャルナイト」。

――効果はどうなんですか。

小池　いいんですよ。最初は、「たった10人を呼んだって何が変わるの？」って思ったんですけどね。だって、何千人いるお客様の中の10人なんて、ほんのひと握りでしょ。でも、それが意外と意味があって…。そういう、ちょっとした積み重ねが、最後には花を咲かせるではないけど、とにかく紹介客が増えましたよね。だから、やり続けることに意味があるし、オープン前にお客様が欲しいからやるだけではなく、営業が始まってからも継続していくことが、意味があることですね。

――そうすると、銀座に移転してから来てくれるようになったお客様は、現在のお客様のどのくらいの割合ですか。

小池　北千住時代からのお客様は、全体の5分の1くらいです。それ以外のお客様は銀座に移ってから。そのくらい、移転後に来てくれるようになったお客様が多いんです。でも、その方々をよく分析してみると、本当にご紹介のつながりなんですよ。で、その大本を辿っていくと、地元の商店会のお客様が多い。不思議なことに、私たちは最初から、地元の方とのお付き合いは当然だと思っていましたから、とにかく「挨拶に行かなくちゃ」という姿勢でしたし、そういうのを大切にするのが、きっと"EGO流"なんでしょうね。

　もちろん、そういったプロモーションはスタッフ全員で頑張ってやります。でも、その中でもレセプションが最も適しているんですよね。その理由としては、(美容室の大半のお客様と同性である)女性であるということや、好印象を持たれやすいということ、そして、お付き合い上手なところ。レセプションのそういう部分まで業務に加えていけば、生産性は十分にクリアできると思うんです。

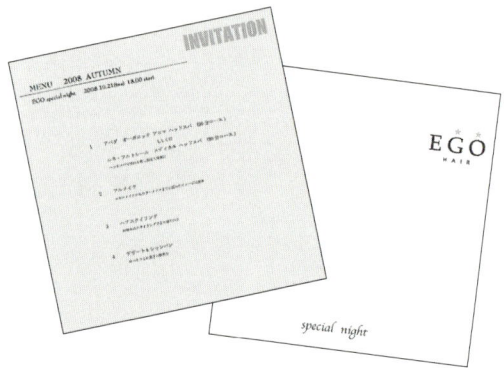

●インビテーションカード
ほぼ半年に1回のベースで開催している「スペシャルナイト」の招待状。日時と当日のメニューが記されている。招待者は、各回10名程度。クチコミにより顧客の間で噂になっている、まさに幻のカード。お客様に特別感を与えている。

Chapter 6
レセプションの勤務体制

- 重要なポジションとしてのレセプションの勤務体制
- 幾つもの仕事を同時にこなすため、複数の勤務体制が"基本"
- 「専属レセプション」という発想
- 発想の原点は「お客様にとって…」
- お客様とレセプショニストのキャリアを揃える
- 記憶に残る接客をする──それがレセプション
- ときには踏み込んだ誘導や失客防止のアクションも

幾つもの仕事を同時にこなしながら、記憶に残る接客をしていくため、複数の勤務体制が"基本"

重要なポジションとしてのレセプションの勤務体制

　私たちのサロンのレセプションは、2007年から基本的に4人体制です。その背景としては、第1にこのポジションの重要性を認識しているからですが、その他にもレセプショニストの場合、働くことに対する価値観が美容師とは異なることや、サロンにスタッフとして定着してもらう工夫として、一般のOLに近い仕事の環境を実現してあげることなど、幾つかあります。

　しかし、複数体制を採用している根本的な理由として、スタイリストやアシスタントといった美容スタッフに比べ、レセプショニストの場合、対応するお客様の人数が圧倒的に多いことが挙げられます。

　この章では、セミナーでも質問されることが多いレセプションの勤務体制について、私たちのサロンのケースを念頭に置きながら解説していきます。

幾つもの仕事を同時にこなすため、複数の勤務体制が"基本"

　まず、勤務体制が複数であること——。

　この理由は極めてシンプルで、電話応対やお客様の来店、退店に対して同時に対応できるようにするためです。と言うのも、レセプション(受付カウンター)は、私たちがイメージしている以上に外部からの人や情報がたくさん入ってくる場所だからです。

　例えば来店する人ならば、必ずしも髪を整えに来るお客様だけではなく、店販品を買いに来る方や、メーカーやディーラーといった業者の人たち、ときには飛び込みの営業、あるいは道を尋ねる人など、比較的明るくて内部の様子がわかりやすい美容室には、多くの人が訪れるものです。また、情報に関して言えば、予約に関するものだけでなく、サロンに対する質問や相談など、さまざまな目的の電話がかかってきます。加えて最近は、インターネットによる予約を

行っているサロンも増えてきていますから、レセプションが対応する情報は、かなり増えているのが実状です。

　こういった状況の中で、レセプションをサロンの"顔"であり"入り口"と置いたとき、この部分での対応がスムーズに行われるか否かは、サービスの側面から考えた場合、お客様に対する印象を大きく左右します。と言うのも、受付を済ませたお客様が施術の途中で多少待たされるよりも、来店や退店の"手続き"のときにレセプションで待たされる方が、印象の悪化が大きいからです。初対面の人の第一印象が、その人に対する判断を大きく左右するのと同じように、お客様は店内に入った瞬間から、そのサロンが自分にとって心地よい空間なのかどうかを判断し始めます。このインパクトは、美容師が考えているよりも、ずっと大きいのが現実です。

　また別の理由として、レセプショニストが複数いることにより、1時間ずつの休憩が交代に取れることや、無理に我慢することなくトイレなどに行くこともできるといった現実があります。さらに、"一般のOLに近い仕事の環境"という側面から説明すると、公休や有休を取りやすくするためや、早番・遅番のシフトを組みやすくするためでもあります。

　銀座にあり、お客様は働く女性が多い私たちのサロンの場合、定休日の火曜を除くと、月曜と木曜は比較的ゆっくりしているので早番1名、遅番1名の2名体制。休み明けの水曜日と、週末を控えた金曜日は、夕方から混み合

レセプショニスト勤務フォーメーション

月・木	水・金	土	日
営業11:30～21:30	営業11:30～21:30	営業11:00～20:00	営業11:00～20:00
早番1・遅番1	早番1・遅番2	早番2・遅番1＋小池(フル)	早番1・遅番1＋小池(フル)

月・木	水・金	土	日
10:00	10:00	10:00	10:00
10:30	10:30	10:30	10:30
11:00	11:00	11:00	11:00
11:30	11:30	11:30	11:30
12:00	12:00	12:00	12:00
12:30	12:30	12:30	12:30
13:00	13:00	13:00	13:00
13:30	13:30	13:30	13:30
14:00	14:00	14:00	14:00
14:30	14:30	14:30	14:30
15:00	15:00	15:00	15:00
15:30	15:30	15:30	15:30
16:00	16:00	16:00	16:00
16:30	16:30	16:30	16:30
17:00	17:00	17:00	17:00
17:30	17:30	17:30	17:30
18:00	18:00	18:00	18:00
18:30	18:30	18:30	18:30
19:00	19:00	19:00	19:00
19:30	19:30	19:30	19:30
20:00	20:00	20:00	20:00
20:30	20:30	20:30	20:30
21:00	21:00	21:00	21:00
21:30	21:30	21:30	21:30
22:00	22:00	22:00	22:00

※フル＝10:00～21:00

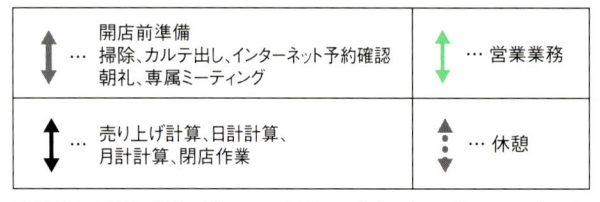

- ↕（黒）… 開店前準備 掃除、カルテ出し、インターネット予約確認 朝礼、専属ミーティング
- ↕（緑）… 営業業務
- ↑（黒）… 売り上げ計算、日計計算、月計計算、閉店作業
- ┊（点線）… 休憩

注：休憩入り時間は営業の状況により変更あり。小池はすべて状況により変動する

Chapter 6

うことが多いので早番1名、遅番2名の3名体制。週末の土曜日は昼間の時間帯からお客様が集まるので早番2名、遅番1名にフルタイムで取締役の小池が入る4名体制。日曜日は早番、遅番が各1名＋小池の3名体制。

このようにシフトを組むことで、日・月・木曜日に1名ずつ公休を取得できるので、定休の火曜と合わせて週休2日になります。

前のページに掲載している勤務のフォーメーションを見てもらえばわかりますが、ポイントは実働時間が8時間であること。また、遅番が午後からお店に入ること。そして、昼間の時間帯に交代で休憩を取っていること。

その他にも、マニュアル化しにくい「プロモーション業務」を後輩に見せて伝えていくという、いわゆる"OJT"をやりながらお客様に対応できるという利点も。

こうやって理由を列挙すると、むしろ「なぜ、他のサロンのレセプションは複数じゃないんだろう?」という疑問が素朴に湧いてくるほどです。

ちなみに、レセプショニストの基本的な待遇に関しては、次の章でお伝えしますが、ここで少しだけ解説しておくと09年4月現在、私たちのサロンの場合は初任給が21万円で、完全週休2日です。

「専属レセプション」という発想

次に、私たちのサロンには"専属レセプション"というシステムがあります。簡単に説明すると、これは「レセプション－技術者－アシスタント」の三者が連携するユニット制で、具体的には1か月間の売り上げが150万円以上の技術者に対して、専属のアシスタントとレセプショニストがチームを組んで仕事をしていくシステムのこと。この方法を採用することで、一人ひとりのお客様に関する個別の要望やスタイルづくりの条件を的確に伝え、それらをクリアしていくという、深みのある接客ができるようになります。

また、このシステムを採用している理由の1つとして、冒頭でも説明したように、レセプショニストは美容師よりも関わるお客様の数が圧倒的に多い、ということが挙げられます。つまり美容師、特に技術者は担当客とのやりとりがメインなのに対し、レセプショニストは基本的に、サロンに来たお客様全員に接する立場であるということです。

例えば技術者が5人いるサロンにお客様が40人来れば、各技術者は平均8人を担当するわけですが、通常、レセプショニストは来店や退店の際に、40人のお客様全員に接すること

になります。

　さらに、"専属"にしている別の理由として、売れている技術者は、担当顧客の管理に限界が出てくることも挙げられます。本来ならもっと時間をかけたいと感じる接客を通しての"ディープな関係"の構築や、お客様に幅広い髪型の楽しみを伝え、ヘアスタイルや美容室に対する価値観を上げてもらうための"教育"が、顧客数の増加によってできにくくなりがち。その部分を担当美容師に代わって受け持ち、指名客との強い関係性を築いていくという"任務"も、私たちのサロンのレセプショニストにはあります。

　具体的には、ユニットを組んでいる技術者の顧客に向けて、信頼関係を深めていくためのDMを出す。そうすることで、お客様から精度の高い"個人情報"を得ることができるようになり、それを専属の技術者やアシスタントにフィードバックすることで、結果としてお客様の要望の的を射たスタイルやメニューの提案が可能になっていく。専属の技術者が担当顧客にフィット感の高い提案をしていくことで、サロンの価値が高まり、お客様は「ファン」になってくれます。言葉を換えると、便利でリーズナブルだから行くサロンではなく、好きだから行くサロンに"格上げ"してくれるということ。もちろん、サロンや担当技術者に対する、お客様の思い入れや誇りも、深く、高くなっていきます。

　"専属レセプション"に起用する基準として、私たちが重視しているのは、決して「年数」というキャリアではなく、美容業界で働くプロとして積極的に業務に関わる意識と姿勢を持っている人物。当然ですが、美容室にとって忙しい土曜や日曜に休みを取りたい人や、早出・残業をしたくない人は、基本的に専属レセプションには起用しません。

　つまり、"専属"になる条件として、自分が担当する技術者とスケジュールを合わせていくことが求められるからです。指名の多い技術者であるほど、土曜や日曜といった、一般の休日は忙しさに拍車がかかるもの。そういった"繁忙日"に専属レセプションが不在なのでは、質の高いサービスは提供できません。また、自分の担当する技術者のお客様の仕上がりが、多少、閉店時刻を過ぎているからといって、お会計やチェックアウトをすることなく引き上げてしまっては、専属としての役割をまったく果たしているとは言えません。

　さらには、担当技術者の顧客が、冠婚葬祭のセレモニーやパーティなどに出席するといった理由で、営業時間外のヘアメイクを依頼してきたとき、専属レセプションはその予定に合わせてサロンに待機し、お客様に対応しなければなりません。

　そういったイレギュラーな仕事にも前向きに対応し、積極的に関わっていく姿勢があるかないか——。美容業界で働くプロとしての意識は、そういった部分に如実に現れますし、専属レセプションとしての"本領"は、そういった場面でこそ発揮されると、私たちのサロンは考えているからです。

発想の原点は「お客様にとって…」

　複数勤務の体制と「専属レセプション」という発想について解説しましたが、その中でも私たちのサロンの独自性が表れているのが、いわゆる"専属"という考え方。言い方を換えると、各レセプションが担当する技術者とユニットを組んで応対するため、結果として直接的に関わるお客様の数が絞られ、読みの深い接客ができるということですが、その部分に関して1つ、補足をしておきます。

　それは、このシステムの根本にある発想が「お客様にとって都合がいい」ということです。つまり、サロンに行く度にその都度、さまざまなレセプションが対応するのではなく、指名した技術者の専属レセプショニストが、いつもきちんと対応してくれる…という状況をつくることが、お客様にとっての「心地よさ」や「要望の伝えやすさ」につながっていく、という考え方です。

　人は誰でも、何度か接して親しくなったり慣れたりして良好な人間関係が構築できれば、気持ちの部分でも本音を話しやすくなるものです。いつも同一のレセプションが対応することで、指名の技術者と同様に、お客様が「私のレセプション」という感覚を持ってくれるようになれば、真の要望＝本音を言葉にしてくれるようになります。つまり、お客様の側からすれば「言いやすい」「覚えやすい」環境が整備されたことになるわけで、だからこそサロンの"ファン"になってくれるのです。

お客様とレセプショニストのキャリアを揃える

　そう考えると、トップスタイリストとベテランのレセプショニストがユニットを組み、新人スタイリストと新しいレセプショニストがユニットを組む理由も理解できると思います。つまり、お客様の"格"、言い換えると、客筋の違いに対する対応です。やっぱり、サロンの来店歴が比較的新しいお客様と、長くいらっしゃっているお客様では"VIP度"が異なるのが現実。サロンに対する愛着度や"プライド"も、常連客の方が強く持っていますから、その部分をすくい上げていく意味でも、お客様の秘書的な役割を担うレセプショニストのランクは区別します。

　なぜなら、キャリアを積んだレセプショニストほど、気の回し方や勘の働き方がシャープに、そしてタイムリーになるから。"ディープな接客"の

Reception Navi

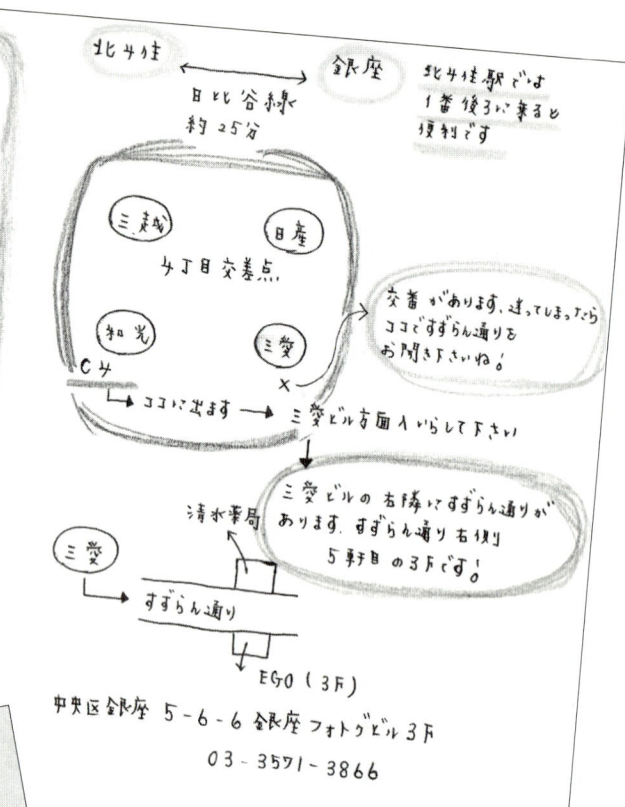

足立区の北千住にサロンがあった時代から来てくれていた、年輩の"VIP客"のために手づくりしたカード。足腰が弱り、遠出が億劫になりがちな身体でも、銀座に移転したサロンにいらしてもらえるよう、できるだけ負担をかけず、スムースに来られるように注意しながら、実際にルートを辿って作成。ときには、こんな個人向けのツールをお渡しすることも、レセプションの業務として効果を発揮することがあります。

基本です。ただし、ここで言う"ランク"は、決して年功序列で決めるのではなく、あくまでも実力主義です。

記憶に残る接客をする
　　——それがレセプション

　では、レセプションを置く基準は、何を拠り所としているのか——。

　それは「お客様にとって必要な人かどうか」です。なぜなら、お客様にとって必要な人であれば、それは"顧客最優先"を基本コンセプトにしている私たちのサロンにとっても"必要な人"だからです。

　お客様に親近感を抱いてもらえるよう、きちんと対応することで相手は「知っている人が出迎えてくれる」という安心感を抱き、その結果として緊張がやわらぐ。そういった"人と人"の接点を多く、そして強くしていくことで、お客様が感じがちな物足りなさを解消し、潤いを満たしてあげる。「専属」という視点から説明すれば、お客様個人の単位で異なる「安心」を意識しながら対応していくことで、相手の記憶に残る接客が実現できるようになっていきます。

　「ていねい」で「気が利いた」接客は、もはや当たり前の時代。私たちのサロンに愛着と誇りを感じてくれているお客様の記憶に残る接客、一緒にサロンの"歴史"をつくってくれているお客様への、想い出に残るおもてなしを、いつも私たちのレセプションは考え、目指しているのです。

ときには踏み込んだ誘導や
失客防止のアクションも

　例えば、銀座に出店して半年ほど経たときのエピソードで説明すると——。

　移転を伝えたものの、反応がよくないお客様が何人かいらっしゃいました。その中には、北千住時代の『EGO』、つまり私たちのサロンに何年も通っていただき、"心の距離"が近かった方も…。そういったお客様はお店として、絶対に失いたくない。いわゆる"VIP"だったお客様に対し、その方がお花好きだったことを思い出し、季節の鉢植えを持参して仕事場に挨拶に伺ったことも。小料理屋を切り盛りしていたその方は、その後、自分のスケジュールを変更して、サ

ロンに来てくれるようになりました。
　また、常連だった年輩のお客様には、その方がサロンに来やすくなるよう、"専用"のフライヤーや案内カードを手づくりしてお送りしたり…。内容は、お客様が利用される駅からサロンまで実際に移動しながら、「電車は何両目に乗ればエレベータが近いのか」といったことを調べ、さらには、目印になるお店や小さな路地などの道も書き込んだ地図をつくり、「新しいお店の心地よさをぜひとも体験していただきたいので、お会いできる日をみんなで楽しみにしながらお待ちしています」とのメッセージと一緒にお送りする(84ページ参照)。
　このような踏み込んだお客様の誘導や失客防止のアクションも、レセプションの"守備範囲"なのではないかと…。いわゆる「失わない生産性」。信頼感は、そういった部分から少しずつ積み上げられていくと、私たちのサロンでは考えています。

　常連のお客様はレセプショニストに会いに来る——これは真実。実際、レセプショニストの出勤に合わせて予約を入れてくれたり、来店される方も増えてきています。お客様にとってそれは「安心感」であると同時に、自分は通っているサロンにとって"特別の存在"であるという認識の表れでもあります。また、それがお客様にとっての「心地よさ」の1つでもあると。
　そう考えるとレセプショニストは、お客様と接する時間は細切れながら、ご一緒する場面は担当美容師よりも多いので、たくさんのお客様に"特別感"を与えることができる存在。特に、来店から退店までのストーリーを考えたとき、とても重要な場面での接点が多い。
　また、接点が多いということは、お客様それぞれの事情や都合(≒「不快」「不安」「不満」)に合わせた対応ができるということ。つまり、相手の事情を想像し、勘を働かせることができるわけです。

Chapter 7

レセプションの給与体系と待遇

- レセプションと美容師は二人三脚
- "財産"が少ない分、給与は最初から高めに設定
- レセプショニストの経験値は、サロンにとって"心強い武器"
- 美容業界で働く──という意識の喚起
- ポジションの確立に対する意欲が、お客様への対応力を高める
- キャリアプランやライフプランと密接に連動
- 業務内容とランクの明確なリンク
- ライフスタイルの変化にも柔軟に対応

Reception Navi

美容業界で働く決意をしてもらい、雇用「する側」と「される側」が歩み寄ることで、給与と待遇の"納得度"を高めていく

レセプションと美容師は二人三脚

　レセプションと美容師は、あくまでも二人三脚の関係。どちらが上でも下でもないと、私たちのサロンでは考えています。

　その理由は、お互いのプロフェッショナリティと担当する守備範囲が異なるから。両者が自分たちのポジションに対してプロ意識を持ち、その能力を最大限に発揮して互いをフォローアップし合っていくことが、レセプション―技術者―アシスタントの三者に求められている関係だと捉えているからです。

　もちろん、大前提として「お互いが実績を上げて仕事の幅を広げると同時に、量を増やしていくこと」が求められているという関係性です。もしも、半年前、1年前とまったく同じスキルのままだとしたら、お客様に対するサービスの提供が進化していないことになりますから、その部分の評価に関しては、当然のことながらシビアになります。

　そういった考えを前提に、この章ではレセプショニストの給与体系と待遇（手当てなど）について、私たちのサロンの場合をベースに解説していきたいと思います。

"財産"が少ない分、給与は最初から高めに設定

　「Beauty Staff」と「Brain Staff」――私たちのサロンではスタイリストやアシスタントの美容師資格取得者を前者、レセプショニストなどを後者のように名称を分け、区別していますが、これには理由があります。

　第1に、美容師（＝Beauty Staff）はサロンで働くことで、美容人生に対し、収入以外の"財産"を得ることができるということです。その"財産"とは、具体的には「技術」「（独立時などに連れて行ける）指名客」「サロンの運営システム」「店舗経営のノウハウ」といったものです。また、美容師の場合、デビューした後に指名客を

レセプショニストの給与規定 (2009.4.現在)

基本給

210,000円
(勤続1年ごとに10,000円昇給)

能力給

経理手当て	20,000円
統計手当て	5,000円
企画手当て	レセプショニスト発案の企画で売り上げ実績に成果が出たときのみ、内容に応じた額を支給
達成手当て	目標売り上げ達成月に5,000円 (勤続1年以上の者のみ対象)

専属レセプショニスト手当て

担当スタイリストの指名・紹介・店販売り上げの合計から
1,000,000円を引いた額の1％を支給(勤続3年以上の者から選考)

セミナー手当て

休日に出勤したメイン講師に限り、基本的にギャランティの70％を支給(還元)する

ペナルティ

出勤状態	欠勤:日割り計算

レセプショニストの待遇 (2009.4.現在)

- 休日:お店の定休日である火曜を含めて、完全週休2日
- 有給休暇(夏休み、正月休み、公休、定休日以外)　勤続1年以上2年未満…年間3日
  その後、勤続年数が1年増すごとに1日増加(ただし、7月、8月、9月、12月は取得不可)
- 賞与は勤続1年以上(業績に応じて)

増やしていけば、一般の会社員よりも多くの収入を得ることが可能です。

それに対し、レセプショニスト（＝Brain Staff）は美容師に比べて、サロン側から与えられる"財産"が少ないのが現実。例えば収入を考えた場合、技術者が指名客を増やすことで"歩合"を得ることができるのとは異なり、基本的に給与は固定給だからです。

そういった原則がベースにあるからこそ、就業のスタート時から報酬のレベルを、アシスタントなどよりも高い一般OL並みのレベルに設定する必要があると、私たちのサロンでは考えているのです。

つまり、サロン側の歩み寄りとして、一般OLより拘束時間がやや長いことや、お店のプロモーションに関するアイデアを考えるなど、常にやることがあるという事情に対する配慮をしているということです。また、同時代の大卒の初任給に見劣りしない額をきちんと支払っていくという意識もあります。理由としては、美容室という存在や、サロンスタッフという職業の価値が、社会的な"相場"や"常識"からズレていかないようにするためでもあります。

また、別のアングルから考えてみると、美容室のレセプションという職業が、本当にお店を愛していないとできない仕事だということも連動しています。美容師が顧客に対し、多少なりとも"自分のお客様"という意識を抱くのとは対照的に、レセプショニストは"お店のお客様"という意識を持つことが重要で、そういうスタンスを持たない限り、仕事を"自分のこと"として考え、自主的に動いていくことはできません。

レセプショニストの経験値は、サロンにとって"心強い武器"

これは、「サービス業」「おもてなし業」としての質を高めていくために必要不可欠なもの。つまり、適正なコストをかけ、有能な人材を確保していくという、極めて常識的な考えです。有能な人材を確保するためには、それなりの給料を支払うことが必要。加えて、レセプショニストの場合、経験値がサロンとって"心強い武器"になりますから、大切に育てていくことの"マニフェスト（宣言）"としての給与という考え方も含まれます。したがって、レセプションというポジションを「スタッフが交代で…」「アルバイトを雇って…」「暇な人が…」という発想で捉えているのだとしたら、それは今までと何ら進化のない考え方であり、これからの時代にはNGと言わざるを得ません。

レセプションの人件費は、経営者の工夫と判断で、必ず捻出できるもの。例えば私たちのサロンの場合、スタッフルームの明かりなどは、必要なとき以外は消しておく場所を決めて常に節約していますし、営業後の自主練習の時間帯は冷暖房の設定を控え目にして光熱費を抑えたりと、日常的、恒常的な節約を実践することで、レセプショニストの給料を捻出しています。

以上のような工夫も含め、レセプションの必

要性を当人たちにも実感してもらう"手段"の1つとして、一般OL並みの給与や待遇を与えていく。そして、サロンに愛着を持ってもらう。積極的にお客様に対応することで"ファン"を増やし、決して減らさない──。

　そういう意識を強く持ち、そのためにお客様を惹きつけるアイデアを出し、実践していく。そこには、自分が所属しているサロンに愛着を抱き、心底"お店が好き"という想いがないと、実現できません。

　とかく、技術者は自分の指名客を増やせば収入が増えるので、待遇もアップすると考えがちです。しかし、実際には、どんなに自分が売り上げたとしても、他のスタッフの能力やモチベーションが低く、お店全体としての売り上げが伸びていかないと、福利厚生や設備の充実など、働く立場としての待遇は改善されません。

　それに対し、レセプションはサロン全体の利益を考え、実現していくことで待遇が改善されていくという、お店単位での発想をするのが常です。だからこそ、自店の顧客を深く理解し、お店や各スタイリストの特徴を客観的に把握しているレセプショニストたちの経験値は、サロンにとってかけがえのない"財産"であり"強み"になっていくのです。

　レセプションの経験値に対して、経営側がどれだけの価値を置くのか──。

　お客様と長いお付き合いをしていくことが、これからのサロン経営にとても重要であるのと同じように、長いスパンでレセプションを育てて

レセプション―技術者―アシスタントの関係

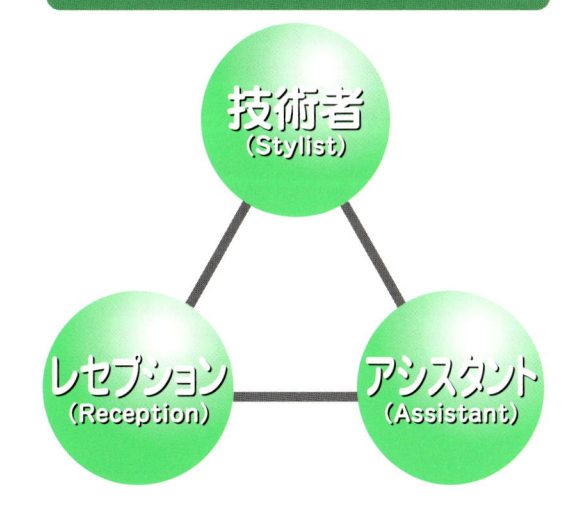

技術者(Stylist)
レセプション(Reception)
アシスタント(Assistant)

いくことは、お客様とサロンの結びつきを強固なものにしていくという意味でも、とても大切なスタンスだと考えています。

美容業界で働く
──という意識の喚起

　もう1つ、大切なことがあります。それは、プロのレセプショニストとして、「自分は美容業界にいる」と自覚してもらうことです。

　つまり、レセプション側からの歩み寄りとして、この業界を仕事の場として選んだ責任と覚悟を、態度で示してもらう必要がありますし、私たちのサロンでは、経営サイドからも要求しています。

　お互いの側からの歩み寄りがあり、こういった意識を持ってもらっているからこそ美容、特に髪に関する知識を自主的に習得し、お客様に"美容室のレセプション"として対応することが

できるようになるのです。

　私たちのサロンの場合、レセプショニストの実働時間は8時間です。しかし、美容業界で働くプロとして美容の知識をしっかり身につけ、スキルを上げていくためには、ときには営業時間後にスタッフの勉強会に参加したり、休日などのプライベートな時間に、毛髪科学のセミナーに参加したりといった"努力"が必要になります。そういった姿勢を持ち、自主的なアクションが積み重ねられてこそ、(お客様に近い視点を持ちながらも)美容業界のプロとしての目線の高さが確立され、髪(の情報)を通して相手に喜びを与えたり、信頼関係を築き上げたりすることができる。つまり、プロとして仕事をしていくために自らの時間や、ときにはコストを割いていく必要もあるのです。

　例えば、美容師が休日に自費でセミナーに参加し、技術やデザイン力を磨いていくのと同じように、レセプションもときにはそういった場所に同行し、美容師がどんな内容の勉強をどのようにやっているのか——ということを"勉強する"必要があるのです。

　ちなみに、こういった積極的なアクションに対し、私たちのサロンでは、いい意味での"えこひいき"をしています。

　つまり、お店にとって忙しい土日に積極的に働いてくれる人や、プライベートの時間を削ってでも、セミナーなどサロンワーク以外のことにも参加するといった行動を評価し、例えば、専属レセプションとして優先的に起用するといったことなどを実践しています。その理由としては、ヤル気のある人の気持ちを損ねたくないから。本人の意欲やヤル気に応えていくためにも、そうでない人と違った対応をしていくことが必要だと考えています。

ポジションの確立に対する意欲が、お客様への対応力を高める

　こういった意識はヘアスタイルに対するお客様のスタンスを理解し、それに見合った対応をしていくことにつながっていきます。

　具体的には、美容師に対してヘアスタイルは「まったくおまかせ」のお客様、「『おまかせ』と言いながらも、部分的に強い主張を持って」いるお客様、あるいは「すべて自分の好みと主張を尊重する」ことを要求するお客様など、それぞれの方に対し、一人ひとりの"スタンス"に合わせながら、相手の髪型を話題にしたひと言という"的を射た声かけ"をしていくことなどです。

　例えば、スタイルが仕上がったときに、お客様が気にしていた部分が改善されていることを、「ご予約のときから気にされていた〇〇〇の部分がスッキリしましたね」といった具体的なフレーズで伝えてあげること——こういった、お客様が「気にしている部分」や、あるいは「気にして欲しい部分」に対するポジティブな"意見"を言ってあげること。これが、"的を射た声かけ"だと考えています。

　なぜ、レセプショニストにこういった意識やア

プローチが求められるのかと言えば、それは「美容業界に働くプロ」であると同時に"お客様の代表"でもあるから。そういった、今までの美容室にはなかったポジショニングだからこそ、お客様との距離を縮め、信頼関係を築いていけると考えているのです。

給与の具体的内容は、89ページの表にまとめた通りですが、その中の「能力給」について、少し補足しておきます。

■経理
収入と支出。例えば領収書の管理など、会計事務所に渡すデータの整理などです

■統計
数字管理やデータ集計に対する評価で、具体的には「日々の売り上げ」「月計表」「スタイリストごとの個人売り上げの集計」「月単位のサロン、個人の集計」「年集計」など。当然ですが、その中には「客単価」「リピート率」「メニュー集計」といった内容も含まれています

■企画
美容室の経営に対する「貢献度」に応じて。企画やアイデアの提案など、仕事に対する姿勢（努力、頑張り）を評価することで、業務に対するモチベーションのアップや、組織に対する愛着度を高めてもらうのが目的。これは毎月、必ずあるものではなく、結果が出たときに、ご褒美的なものとして支払われます

キャリアプランやライフプランと密接に連動

美容室のレセプショニストとしてキャリアを積み、お客様やスタッフと強い信頼関係を築き上げていくことに対し、サロン側はきちんとした"評価"をしなければいけません。もちろん、その1つは「報酬＝給与」や「待遇」ですが、もう1つとして組織内での位置づけ、つまり「ランク」があります。これは、"Brain Staff"として働くレセプショニストにとっての「キャリアプラン」と密接に連動していると同時に、女性の場合は特に、一個人としての「ライフプラン」ともつながっていると、私たちのサロンでは考えています。

なぜなら、大半の技術者（Beauty Staff）が、いずれは独立していくであろう存在なのに対し、レセプショニストなどの"Brain Staff"は、組織の中でスキルを磨きながら、経験値を最大限に発揮し、将来的には所属サロンを裏側から支える存在になって欲しいからです。

また、他の理由としては、前にも説明した通り、技術者は"財産"が多い分、独立が容易なのに対し、レセプショニストたちは、サロンからの"財産"だけでは"独り立ち"しにくいのが現実だからです。

業務内容とランクの明確なリンク

現在、レセプショニストを中心とする"Brain Staff"に対し、私たちのサロンでは以下のよう

な「ランク」を設けています。
① レセプショニスト
② 専属レセプショニスト
③ フロアマネジャー
④ 取締役

　①になる期間は入店後1年くらいを目安としていて、その間に「キャッシャー」「電話応対」といった、受付としての基本を身につけてもらうことが必須条件になります。もちろん、それらをこなすためには基本的な会計と来店者の応対、簡単な毛髪科学の知識や各スタイリストの能力の把握などが必要です。また、第4章で説明した「プロモーション」と「オペレーション」への取り組みも欠かせません。

　これらを身につけ、特にオペレーション業務がスムースにこなせるようになると、次の段階である②へステップアップするチャンスを与えていきます。目安としては、入店後3〜4年。全スタイリストの能力やクセを完全に把握し、レセプショニストの主業務である「プロモーション」がこなせるようになることが必須条件です。

　私たちのサロンの場合、専属レセプショニストに昇格すれば、固定給の他に、担当技術者の1か月の「指名売り上げ＋店販売り上げ」から100万円を引いた残りの金額の1％が、「専属手当て」として支給されます。これは、担当技術者のプロモーション業務に対する"貢献度"を評価したもの。

　その次のステップとして③があり、この段階は入店後5年以上が目安になっています。このランクの役割は、フロア全体の流れを見ながら"司令塔"としてフロアスタッフ（＝美容師）に指示を出し、仕事の流れをコントロールすることです。そのためには、すべてのお客様の情報を把握することはもちろん、フロアスタッフからの絶対的な信頼が必要です。

　また③は、美容師である「店長」が商品（＝技術、デザイン）を管理する立場なのに対し、お店の環境を管理する立場でもあり、この2つの立場は、まさにサロンにとっての"両輪"です。

　その上の役割として④がありますが、この段階になると、入店年数は目安にはなりません。また、このランクは組織の「役員」という位置づけですから、①〜③までの報酬が月給制で毎年昇給があるのに対し、④は固定の年俸制であると同時に、具体的な額はお店の業績に応じて増減します。

　このランクの業務としては、もはや「レセプショニスト」としてのそれではなく、組織全体の「経費管理」や「運営・経営方針の策定」といった会社経営に直接的に関わる業務、さらには「プレス業務」や「セミナー活動」といった"外交"、つまりサロン外での活動も含まれます。

ライフスタイルの変化にも柔軟に対応

　以上のような「ランク」とは別に、私たちのサロンでは「L.L（Lady's Life）社員制度」というものを設けています。これは名前の通り、女性

L.L（Lady's Life）社員制度 （2009.4.現在）

対象	美容師、レセプショニスト共に、勤続3年以上の既婚者 もしくは、美容師の場合、勤続8年以上の未婚者、 レセプショニストの場合、勤続5年以上の未婚者 ※これに満たない場合は相談
勤務時間	**早番** 美容師：オープン～パーマ受付 午後4時30分 　　　　カット受付 午後5時30分 　　　　レセプショニスト：オープン～午後6時30分 **遅番** 美容師、レセプショニスト共に、午後2時30分～ラスト
休日	レセプショニスト：毎週火曜日を含む週休2日（土・日も可） ※これ以上の休日は相談 ※欠勤、遅刻、早退は通常通りの設定
給与	基本給150,000円＋歩合
産休・育児休暇	あり（可能な限り本人の意思を優先する）
家族手当て	**20,000円**（扶養家族のみ） 　　第1子10,000円 　　第2子以降5,000円×人数 　　（勤続3年以上の者のみ対象）
保育手当て	状況により一部支給

※以上について、本人と相談のうえ、柔軟かつ弾力的に運用する

スタッフが対象。女性の場合、結婚や出産など、どうしてもライフスタイルを変えなければならない事情が起きることがあり、それがネックになって退社しなければならない…という状況が多くのサロンで発生しています。しかし、冷静に考えてみると、「美容室で働くスタッフの業務ほど、キャリアや経験値が大切な仕事は他にないのでは?」と感じるほど、彼女たちのキャリアを失うことはお店にとって大きな損失だと、私たちのサロンでは考えています。

　特にレセプショニストの場合は、お店に長く勤めてこそ、その存在感が発揮できると同時に、お客様にとっても"かけがえのない存在"になっていく立場だからです。具体的には、顧客一人ひとりに関する深い情報の蓄えや、お客様にレセプションとしての自分の存在を憶えてもらい、安心感を持ってもらうことなど。だからこそ、ある程度、女性のライフスタイルの変化に合わせられる勤務条件を整え、長く勤めて経験値を活かして欲しいという考えを伝える意味もあり、この制度を整備・導入しました。

　詳細は前のページの表にまとめていますが、背景にあるのは、あくまでも「スタッフの結婚や出産によって、今までの積み重ね＝経験値を棒に振ってしまうのは、サロンにとってもったいない」という発想。また、雇う側の責任として、単なる受付作業の繰り返しをさせるのではなく、それぞれの経験値を評価の対象として捉えることで、各自のキャリアプランが整っていることを伝える意味もあります。

　それらを提示することで、働く側が安心感を抱けたり、将来設計を描くことができたり、あるいはモチベーションのアップにつながっていくのではないか——そういった"期待"も、この制度には込められています。

　以上のような考えが背景にあるので、制度の運用には弾力を持たせています。

　例えば現在、入店後に結婚したレセプショニストが1名在籍していますが、彼女の場合、土日を含む週休3日で、勤務している平日の4日間も、午後6時半には退店。それでも、正社員として契約しています。なぜなら、私たちのサロンはレセプショニストとしての彼女の仕事を高く評価しているからです。

　しかし、彼女にも"義務"を負わせています。それは月に1度、土曜か日曜の営業終了後に行われる全体ミーティングとレセプションミーティングに参加することや、営業後に行われる毛髪科学やレセプショニストの勉強会に出席すること。また、他のレセプショニストが急用で勤務できない場合、その"穴埋め"として対応することなどです。

Chapter 8

レセプションの採用方法と基準

- 採用の大半はスカウト
- 最適なスカウト相手は「お客様」
- 労力と時間をかける
- 3つの"採用基準"

資質の備わった人材を積極的に探し、時間をかけてじっくり育てていくのが採用の基本

採用の大半はスカウト

　レセプショニストを、いったいどのような方法で探し、また、どのような"基準"で採用していくか——。私たちのサロンでは、これまで、さまざまなプロセスを試してきました。その経験をベースに、現時点でベターだと思われる採用の方法をお伝えすると、それは「スカウト」です。例えばブティックの販売員、ホテルやレストランのお客様担当業務など。

　その中でも理想は、お客様のスカウト。事実、私たちのサロンに在籍しているレセプショニストは、ほぼ全員が元お客様です。

　この章では、レセプショニストの採用方法と基準について、私たちのサロンの場合をベースに解説していきます。

最適なスカウト相手は「お客様」

　まず、なぜ、レセプショニストの採用には、お客様のスカウトが適しているのでしょうか。

　それは、こちらが相手の資質をじっくり吟味したうえで、スタッフとして迎えることができるから。つまり、採用活動の最初の段階から"ターゲット"を具体的に絞り込み、その人物と何度も相談したうえで、仲間として迎え入れることができるということです。

　この方法は、レセプショニストになる相手側にとってもメリットがあります。

　なぜなら、自分自身がお客様としてサロンに通っていることで、他のレセプショニストのことはもちろん、技術者やアシスタントなどの"情報"を自分なりに受け取ることで、その人たちに共感を抱いたり、愛着を感じたりしていることを改めて確認できるからです。

　このように、スタッフになってもらう基本的な条件として、「私たちのサロンを好きである」ということが、お客様をスカウトするためには必要なのです。その意味では、なるべく長くサロンに来てくれているお客様がベター。と言うのも、

サロンの"流儀"や雰囲気をある程度理解し、そこに好感を抱いてくれているからです。

入社する前に、お互いが入手している情報と、それに伴って醸成された「共感」や「愛着」。この感覚が、具体的に"ある"か"ない"かは、実際に仕事仲間としてチームワークを組んでいくときの前提として、とても大きな影響を及ぼします。

その理由としては、美容師が働きたいと思うサロンのブランド性に憧れを抱いたり、入社後の教育体制などに共感を持ちながら入社してくるのに対し、レセプショニストの場合、サロンに深い愛着を持てるだけの情報を、入社前の段階では、なかなか入手できないのが現状だからです。

労力と時間をかける

前の章でもお伝えした通り、ある意味では技術者やアシスタントといった、いわゆる"Beauty Staff"よりも、お店に対して強い愛着を持たなければ、充実した仕事を遂行しにくいレセプション。それはサロン全体の状況を常に把握し、業務のスムースな流れを確認し見守る立場として、仕事へのモチベーションを維持するためには、サロンに対する共感や愛着が必要不可欠だからです。

そういったポジションだからこそ、レセプショニストの採用には、美容師のとき以上に労力と時間をかけるべきなのです。

採用したいと思う人物を何度か面接してコミュニケーションを深め、ときには"体験勤務"としてのOJTを実践して仕事ぶりを観察することも。実際に会う回数を多く持ち、さまざまな状況での接点をつくっていくことが肝心です。なぜなら、これは相手の資質や能力を理解するためでもあるからです。

また、お客様をスカウトする方法の実際は、「口説き落とし」です。自分たちのサロンのレセプショニストとして「欲しい」と感じた人材だからこそ、情熱を持って口説いていく。

そのためには、普段からの"種まき"も必要です。具体的には、お客様の中に素晴らしい人が見つかった場合、将来、ご一緒できるかもしれないという可能性も含めて、「私たちのサロンは美容師だけでなく、美容師以外の人をレセプショニストとして受け入れる体制があるんですよ」ということを、さり気なく伝えておくことなど。

ただし、お互いにとって前向きな出会いにしたいので、実際に誘いの声をかけるときには細心の注意と気配りが必要。その行為自体が、サロンのメンタリティを表すと言ってもいいほど、デリケートなものだからです。

3つの"採用基準"

私たちのサロンでは、大きく以下の3つのポイントについて注視しながら、スカウトによる採用活動を行っています。それは、

Reception Navi

・外見（存在感、空気感）
・育ってきた（≒過ごしてきた）環境
・言葉の操り方（言葉遣い、トーン、滑舌）
　　　　　　　　　　　　　――です。

■外見（存在感、空気感）

　まず、「外見」については、ファッションのセンスやルックスがサロンの雰囲気にフィットしているかどうかはもちろん、いわゆる"身なり"に対して意識的な人であることが大切です。ちなみに、私たちのサロンの場合、このポイントで70％くらいは決定すると言ってもいいほどです。その理由を懐かしい言葉で表現すれば、レセプショニストはサロンの"看板娘"だから。お客様は、対応するレセプショニストが醸し出す"空気感"で、どんなサロンなのかをイメージします。つまり、レセプショニストは、勤務するサロンの"象徴"になれるような存在でなければいけないのです。

　また、ここで言う「外見」には、お客様に対する"雰囲気"、つまりムードも含まれます。

　具体的に説明すると、人に対して壁をつくらず、お客様の側がホッとできたり、憧れや親近感を持てる人物であること。例えば、私たちのサロンの場合なら、「心地よい緊張感を発しつつも、入り込みやすいムードを持っている人」。東京・銀座で営業している美容室として、都会的で洗練された雰囲気は持ちつつも、決して冷たい印象を抱かせない――。

　そんなイメージが私たちのサロン、つまり『EGO』のレセプショニストに求める人物像なのです。当然ですが、基本的な条件として、反射的に笑顔になれる人、必要以上に構えることなく他人に接することができる人、という資質は絶対に欠かせません。

■育ってきた（≒過ごしてきた）環境

　次に、「育ってきた環境」に関してですが、これは例えば、実家が目の前で金銭のやり取りをする商売を営んでいるとか、学生時代にアルバイトなどを通じて、お金を稼ぐために相手と接することの大切さを体験していること、言い換えると、もてなすための精神的な強さを備えていることなどが該当するポイント。つまり、お金を"稼ぐ"ことの重みをリアルに感じ取っている人、という意味です。

　第3章で"商人的"もてなし感覚」という説明をしましたが、そこで使った"商人的"という言葉の裏には、「お客様に誠実に対応し、その報酬として金銭をお支払いいただいているという意識が不可欠」という意味合いが込められています。

　つまり、お客様の気分を肌で感じ取り、理屈ではなく感覚的な判断で動くことができるかどうか。決して「毎月、来るのが当たり前」「ずっと来ているから、来月も来る」といった発想ではな

採用のための3つの"基準"

① 外見

② 育ってきた環境

③ 言葉の操り方

く、危機感を常に持ち、毎回ベストを尽くす姿勢や、売り上げが落ちたときなどに、その状況を乗り越える工夫やアイデアを生み出すことにエネルギーを傾けられるかどうか。レセプショニストの場合、マニュアルを超えた仕事を達成していくためには、そういった商人的なセンスと思考回路がとても重要。「お客様にとっていいこと」「お客様のためになること」を基準にし、そこに「愛するサロンのために」という発想を結び付けていく。そんな行動規範が求められます。

■言葉の操り方(言葉遣い、トーン、滑舌)

3つ目のポイントである「言葉の操り方」。言葉をスマートに操ることは、とてもレベルの高いことですが、その前提として、例えば「話し方が子どもっぽくない」「声のトーンが聞きやすく、爽やかさを感じさせる」「ボキャブラリーが豊かで言葉による表現力がある」「言葉の選び方や使い方に工夫がある」といったことが"目安"になります。しかし、個人対応が基本のレセプショニストにとって、最も大切なのは「言葉に心を込めているかどうか」ということであり、決して辞典のように言葉の数を増やしていくことではありません。

つまり、発する声や言葉から、心地よい"体

温"が感じられるのか、それとも反対に"刺"が感じられるのか——。

　相手の"今"の状況や感情を、まさに"皮膚感覚"で察してあげ、それを言葉に置き換えていく。相手の胸の中にある"大変""不安"といった気持ちを察し、ネガティブな思いをさせないように言葉遣いを工夫していくこと。

　例えば、相手の予約を断る場合でも、最初から断ることを決めて、紋切り型に「この時間はいっぱいなので…」と言い放ってしまうのではなく、「何とかならないだろうか？」「他に工夫はできないだろうか？」「メニューを変更することで対応できないだろうか？」と、お客様の"困っている状態"を共有し、相手の立場や状況に気を回してあげる。「そうですよね。いつもお忙しいから、どうしても間際のご予約になってしまいますよね…」などと、相手の状況を肯定しつつ、少しでもベターな提案を見つけていく。そういった思いやりの心を持ちつつ、相手の言葉に対する受け応えをしていくことが、言葉に心地よい"体温"を与えることにつながっていきます。

　したがって、仮に同じフレーズを話したとしても、声のトーンや抑揚、あるいはスピード感や滑舌などによって、印象は180度変わります。お客様に対する想いを背景にした"ニュアンス"、そこに対する感性が繊細かどうか——そういった部分にもレセプショニストの"資質"は滲み出てきます。

Chapter 9
1人体制の場合

- まだまだ多い1人体制
- 最も大切なのは電話応対
- 明確な"守備範囲の違い"がレセプションの存在を支える
- プロモーション業務の充実が複数体制への広がりをつくる
- 1人体制こそレセプションを根付かせる基礎段階

基本であるカウンター業務を完璧にこなしてもらうことで、レセプションが根付く土壌をつくる

まだまだ多い1人体制

　ここまで、複数のレセプショニストを前提に解説してきました。特に「レセプションの勤務体制」などでは、複数であることの必然性と必要性を具体的に説明しています。

　しかし、セミナーなどの機会を通して全国の美容室の現状を聞くと、まだレセプショニストは1人…というサロンが大半であることが伝わってきます。

　そこでこの章では、「1人体制の場合」を前提に、レセプショニスト業務に対する考え方と仕事の工夫について、私たちの経験をベースに解説していきます。

最も大切なのは電話応対

　まず、1人体制の場合、オーナーやスタッフは、原則としてレセプショニストはレセプションスペース（フロントカウンター）から絶対に離れてはいけないことを理解しなければなりません。別の言い方をすれば、レセプションスペースでできないことは、すべてNGということ。

　第1のルールとして、「レセプショニストは、所定の位置に立っていること自体が業務」だということ。このルールの背景にある考えとしては、レセプショニストとして、最初にやるべき業務をキッチリこなし、できる限り完璧に近づけていくことが、まず必要ということ。それは、仮に周りのスタッフからは暇なように見えるシーンだとしても、レセプションの本来の業務の1つとして、とても重要な意味を持っているからです。

　次に大切なことは、優先順位の明確化です。レセプションカウンターでは、複数の業務が常に発生しがち。しかし、それらを同時にこなすことは不可能ですから、第2のルールとして、優先順位を明確にしておくことを徹底します。

　具体的には、①**電話応対**　②**ご来店**　③**お会計**の順。この順位を徹底することが大切。ただし、②と③は先に発生した方を優先し、

1人体制の優先順位

1. 電話応対
2. ご来店
3. お会計

決して掛け持ちしないことを原則として、場合によっては、次のお客様に座ってお待ちいただくことを勧めます。

この業務の中で、最も重要なのは①の「電話応対」。その理由としては、受話器の先のお客様は、サロンに来ている方と違い、レセプションの状況が見えないからです。だからこそ、電話応対を最優先することは、他の仕事を中断してでもシビアに実践していくべき。これは「オペレーション業務の基本」として、しっかりマニュアル化すべきです。

また、少し精神的な話になりますが、私たちのサロンはレセプショニストが女性なので、彼女たちには"看板娘"として、「お店の外を歩いている人たちの視線を意識しろ」「通りの人と目が合ったらニコッと微笑め」と言っていました。その理由としては、店外の人たちにも意識を向ける習慣をつけることで、外の気配も含め、全方位の気配ができるようになるだけでなく、意識を向け続けることで、外の人に対する前向きなオーラや"想い"が、伝わっていくと信じているからです。

そういった、"店内以外にも意識を向ける習慣を…"という考えが発展して、現在の私たちのサロンのレセプショニストには、外で昼食を摂ることを奨励しています。その理由としては、外に出て少しでもお店を離れることで、日々の天気や気温を感じたり、街中の人たちを観察し、意識することで、"毎日の違い"を肌で感じ取ってもらい、なるべくお客様に近い感覚を持ち続けてもらいたいからです。

明確な"守備範囲の違い"がレセプションの存在を支える

では、1人体制のレセプションには何を期待し、何をしてもらうべきなのでしょうか？

ストレートに言うと「マニュアル化できる仕事」、つまりオペレーションの基本業務ということになります。

北千住で営業していた頃、私たちのサロンもレセプションが1人でした。今、その当時のことを振り返ると、技術者やアシスタントにしてみれば、受付カウンターのところに立っているだけに見えるレセプショニストの必要性を、私たちは折にふれ、機会を捉え、ときには演出して、スタッフに訴えていました。

例えば、朝のミーティングのときには、店長よりも先に意見や連絡事項を話させたり、オーナーが外部のセミナーなどに出るときには同行させて、秘書的な役割を担わせたり。また、とき

には故意にまとまった休みを取らせ、レセプショニストがいないことで発生する"不都合"をスタッフに実感させ、存在感を認めさせたり…。

　そういった試行錯誤の中で得た"結論"の1つは、自分たちがやったことのない仕事をレセプショニストがこなしていることで、スタイリストやアシスタントたちは"守備範囲の違い"を実感し、レセプションの存在を認識する――ということです。

　また、本来ならスタイリスト本人がやるべき、顧客ごとの情報収集をレセプショニストが実践し、一人ひとりのお客様に関する"気づき"を情報化してカルテに書き込み、管理するようになると、このポジションの存在感は重みを増していきます。

プロモーション業務の充実が複数体制への広がりをつくる

　しかし、そうなっていくためには、やはりプロモーション的な業務に携わってもらうことが重要になってきます。そのスタートとしては、美容師とは違った切り口でお客様にお店をアピールしたり、スタイリストやアシスタントでは気づきにくいポイントを"情報"として上げていくことなど。言い方を換えると、サロンの"第3の目"としてお客様の本音や「不快」「不安」「不満」をすくい上げていくことです。

　その第一歩として始めるべきことは、先の「電話応対」「ご来店」「お会計」の業務を可能な限り完璧にこなし、それでも余裕がある時間に、お客様一人ひとりの顔を思い浮かべながらDMを書いたり、カルテを整理して、来店しているお客様のことをより深く、細かく知っていくこと。と同時に、"プラスアルファの仕事"として、売り上げアップにつながるアイデアを考えていくように指導しています。それは、例えばお客様へのメニューのお知らせやオススメの情報整理だったり、フライヤーなど、お店の前を通りがかる"新規客候補"を獲得するためのツールづくりだったり…。

　数年前、私たちのレセプショニストは、ヘッドスパを受けられるプリペイドのギフトカードをつくって常連のお客様に勧める…という案を出してきましたが、こういったアイデアは、ヘッドスパを受けたお客様が「とても気持ちいいから、友人や知り合いにも受けさせたい」という意見をすくい上げたもの。彼女たちが持つ"第3の目"が、まさに機能した結果だと思います。

1人体制こそレセプションを根付かせる基礎段階

　仕事の分業化を推進していくスタートとしてレセプションを導入することは、現実的には1人から…というケースが大半だと思います。最初から大きなリスクを背負うのではなく、少しずつ、様子を見ながら状況に合わせて増員していくという方法が一般的でしょう。もちろん、私たちのサロンもそうでした。自分たちもそういう経

Chapter 9

オーナーが
マンツーマンで教える!

緯を辿ってきたからこそ、経営者や現場の責任者に意識してもらいたいことを、ここで整理しておきたいと思います。

それは、①レセプショニストの立場からすれば、サロン内に悩みを共有できる"仲間"がいないこと　②タイムリーな指導ができないこと（ベッタリついていられない）です。

また、美容業界という、今までとはまったく違った環境に入ってくることや、仕事をしていくうえで技術者とぶつかることも想定されるなど、相手が1人だからこそ、配慮してあげなければいけないことがあります。

では、新たに導入するレセプションは、誰が教育していくべきなのでしょうか？

それは、基本的にオーナーです。美容室のレセプショニストとして、今までとはまったく異なる世界に入ってきた人材に対する教育は、現場のスタッフにまかせてはダメ。なぜなら大半の場合、現場のスタッフは、レセプションに対する認識や理解が、導入を決意したオーナーより低いのが普通だから。むしろ、レセプションの教育と並行して、レセプションに対するスタッフの理解力も育てていくつもりで、オーナーはレセプショニストの教育に臨まなければなりません。

しかし、そのためには、オーナー自身が自サロンにとっての理想のレセプション像をハッキリさせておくことが大切。また、たたき台でも構わないので、レセプション教育のバックボーンになる"模範解答"を用意しておくことも必要です。加えて説明すれば、その"模範解答"も最初から

最後まで自分だけでつくるのではなく、レセプションを実際に導入する前にオーナーと現場のスタッフが議論し、レセプション業務として「まかせる部分」「やってもらうこと」などを詰めて、守備範囲を決めていく。オーナーと現場の考えを一致させ、迎え入れる準備を整えておくことが重要です。

　このように、レセプションを導入する前に、オーナーは現場と本音で議論し、自分たちのサロンがお客様にとって、どういう状態であればいいのか、そのためには何を、どうしていくことが必要なのかを洗い出していくことが欠かせません。なぜなら、レセプションとして良質の人材を確保することは美容師よりもむずかしいことや、導入した瞬間から人件費が増すからです。つまり、安易に導入してうまく機能せず、すぐに辞められてしまったら、スタッフの間に後味の悪さだけが残り、次に入ってくる人材に悪影響を与えるから。また、そういったネガティブな空気がお客様に不安感を与える原因になるのはもちろん、以後のレセプションの定着を困難なものにしかねないからです。

　「始めよければ終わりよし」の諺通り、レセプションの導入も最初が肝心。つまり、1人体制の段階で、レセプションに対する価値観を、どれだけスタッフと共有でき、各自が必要性を実感できるか。また、どれだけ迎え入れる態勢を整えられるか——。

　その"準備"と意欲が試されるのが1人体制のときであり、サロンのシステムに「レセプション」というポジションを組み入れる基礎を養うのが、この導入段階なのです。

Chapter 10

カウンター業務・現場のノウハウ

- 何よりも強いのは現場の経験に基づいた"工夫"
- 状況が見えないからこそ無駄なく、円滑な情報の共有を
- 受けているときの「姿勢」や「言葉遣い」にも細心の注意を！
- 「ご来店」「フロア」「お会計」──ノウハウが満載のレセプション
- 事前に顧客情報を把握し、お客様を迎える
- フロアでは、放置時間中のお客様に注意
- フロアでのやりとりを把握し、心地よいクローズにつなげる

経験に基づいた工夫をすくい上げ、お客様にとっての「不快」「不安」「不満」を解消していく

何よりも強いのは現場の経験に基づいた"工夫"

　前の章では、1人体制の場合の業務範囲とポイントなどについて解説しました。私たちのサロンでは、あくまでもレセプションは複数体制がベース──そう考えているのですが、全国の美容室の実態としては、まだ、なかなかむずかしいのが現状のようです。

　そこでこの章では、そういった状況を受けて、レセプションのカウンター業務を中心に、私たちのサロンのレセプショニストが現場を経験することで工夫してきた実務のポイントについて解説していきます。

　まずは「電話予約」について──。

　お客様との"最初の接点"になることも多いこのシーンは、同時にサロンの印象をかなり強く与える場面でもあります。

　したがって、絶対に手を抜けないシーン。現場の工夫が集積されている場面でもあります。

状況が見えないからこそ無駄なく、円滑な情報の共有を

　お客様とダイレクトに接することができない電話での会話。お互いに受話器の向こうの状況がわからないだけに、特別な緊張感を伴います。したがって、電話で予約を受けるときの基本としては、できるだけ無駄を省き、必要な情報をスムーズに共有していくこと。

　例えば、相手からお聞きする内容の順番などは、電話での応対の場合、とても大切なポイントになります。

■お客様の希望を聞き出す順序

　予約を電話で受ける際の心がけとして、なるべく時間的なロスの少ない順番でお客様の希望を聞き出すように意識することが大切です。私たちのサロンでは、①希望の日にち　②指名したい担当者の有無　③希望のメニュー（施術内容）　④希望の来店時間──の順番で聞いていくことを基本にしています。

電話予約のひと工夫

A お客様の要望を聞き出す順序

POINT
①希望の日にち
②指名したい担当者の有無
③希望のメニュー
④希望の来店時間

B 復唱

POINT
「ご一緒に確認をお願いします」

→ 予約に対する"責任感"が生まれる

C 最終時間の予約

POINT
「当日は、このお時間が最終のご予約となっており、これ以降のお時間の変更はできません」

→ 時間に対する意識が高まり、遅れて来る人が少なくなる

D パーソナル情報の入手

POINT
「何かご不明な点はございますか?」

→ お客様の不安感を一掃する

E 質問電話

POINT
「もちろんです。どのようなご相談でしょうか?」

→ 親身になって相談に乗っていく

まず、最初に「希望の日にち」、そして「担当者の有無」を伺う理由としては、担当者が不在の場合や、サロンが休日の場合があるからです。メニューや来店時間まで伺い、最後になって「その日は担当者が不在です…」では、それまでのやりとりが無駄になってしまい、お客様に不快感を与えかねないからです。

同様に、「来店時間」よりも前に「希望のメニュー」を聞くのは、施術の内容によって予約を入れるのが可能かどうか決まるからです。

例えば、サロン側としてカットだけだったら対応できるが、ヘアカラーがセットになるのなら話は別…ということが、かなりの頻度で発生するからです。また、最終予約の時間も、メニュー内容によって異なってきます。

■復唱について

電話予約の際、復唱したにも関わらず、お客様が時間を間違えて来店してしまうことがあります。これを防止する対策としては、復唱する際に「ご一緒に確認をお願いします」とひと言添えてから、実際の復唱を始めるようにすることです。こうすることで、お客様にも自然と予約に対する"責任感"が生まれ、レセプショニストの復唱内容に、よく耳を傾けてくれるようになるからです。

■最終時間に予約されたお客様へ

最終時間に予約をされたお客様には、あらかじめ、そのことをきちんと伝えておくことが重要です。「当日は、このお時間が最終のご予約時間となっており、これ以降のお時間の変更はできません」と明確に伝えます。こうすることで、予約時間に対するお客様の意識も高まり、ご自身もそのつもりで当日の予定を立てるだけでなく、サロンに遅れて来ることが格段に少なくなります。

同じように、パーマやヘアカラーなど、薬液を使用するメニューの最終予約の時間を過ぎた「カットのみ」のお客様には（例えば、薬剤使用メニューの最終時間、午後7時30分を過ぎた午後8時予約のカットのみのお客様）、「当日は7時30分を過ぎますと、パーマやヘアカラーなどのお薬を使用するメニューへの変更ができなくなりますが、カットのみでよろしいでしょうか？」とひと言つけ加えます。この言葉を添えることで、ヘアカラーなどのメニューも少し考えていたお客様は、早めの時間帯に予約を入れていただけるようになりますし、サロン側もお客様が来店してから「今日は時間が過ぎているのでヘアカラーはできません」と言わずに済みます。

1人でレセプション業務をこなしているお店の場合、ご来店やお会計などが重なってしまい、お客様を待たせてしまうことがあります。このような状況を改善するためには、例えば午後5時に3人の予約を取るのではなく、4時55分、5時ジャスト、5時5分と少しずつ時間をズラすことで、かなり混雑を回避できます。来店予約の時間に少しずつズレをつくる――これも現場発の、ちょっとした工夫です。

■よりパーソナルな情報を引き出すために…

電話予約の際、お客様はたくさんの情報を

サロン側に与えてくれます。それらの中には、メニューを決定していく際には直接関係ない話もありますが、案外、そういった内容がお客様を知るきっかけになります。また、ただ予約を受けるだけでなく、お客様が来店されるときまで不安になることのないよう、さらには期待して来ていただけるようなやりとりを、電話予約の際には実践したいものです。

そういった意味合いからも、予約の復唱が終わった後に、「何かご不明な点はございますか？」と声をかけて、お客様の不安感を一掃するようにします。

■ **質問電話について**

予約電話以外にも、サロンにはさまざまな電話がかかってきます。その中でも多いのが質問電話です。「少しお聞きしたいのですが…」といったもので、多くの場合、そのときは質問だけで、実際の予約につながるのはほんのひと握りです。しかし、このときに好印象を与え、後の予約につなげたい…。だからこそ、先方の「お聞きしたいのですが…」という声に対しては「はい」ではなく、「もちろんです。どのようなご相談でしょうか？」と切り出し、親身になって相談に乗っていきます。

電話は第一声が勝負です。相手に「今、忙しそうだな」「予約じゃないので面倒そうだな」というネガティブな印象を与えないように心がけることが大切です。なぜなら、電話応対の際の雰囲気はお客様にとって、サロン全体の印象につながっていくことが多いからです。

姿勢よく……
言葉使いも
ていねいに……♡

受けているときの「姿勢」や「言葉遣い」にも細心の注意を！

以上のようなポイントを、電話応対の際にはしっかり意識しておくことが大切ですが、もう1つ、レセプションカウンターで電話を受けている際に注意したいことがあります。それは、レセプションの「プロモーション」の1つとしても説明していることですが、「観られている」という意識です。つまり、電話を受けているときの「姿勢」や「言葉遣い」に関することです。

電話を受けているときは、そちらに神経や意識が集中するため、それ以外のことがおろそかになりがち。しかし、レセプションカウンターは、周りにたくさんの目がある"営業現場"ですから、決して気を抜くことはできません。お客様からの電話を受けている最中も、レセプショニスト

は姿勢や身のこなしを意識し、表情も曇らないように注意して。

また、言葉遣いに関しては、長く出入りしている業者の営業担当者など、親しい人には、ときとしてカジュアルな言葉遣いをしたり、フランクな話し方をしがち。しかし、第三者から両者の姿が見え、言葉が聞こえる状態ではない電話の場合、こういった口調の言葉がレセプショニストから聞こえてくると、とても違和感を持ちます。このような"意外な部分"にも、お客様の意識は引っかかるものですから、きめ細かい対応が求められます。

私たちのサロンの場合、電話に関しては「公用」「私用」の区別をハッキリさせることはもちろん、メーカーやディーラー、あるいはメディア関係者からの電話は担当者につなぎますが、お客様からの質問などに関しては、基本的にレセプションが対応し、担当者にはつなぎません。ただし、確認が必要なときや、特別な事情があって担当者の声で伝えた方がいいと判断した場合のみ本人につないだり、折り返し電話させます。当然ですが、練習のためのカットモデルからや、プライベートな用事の電話に関しては、よっぽどの緊急時以外は担当者につなげず、営業が終わってから折り返し電話させるようにしています。

つけ加えれば、大前提として、レセプションカウンターでレセプション以外が電話をかけたり取ったりするのはNG。そういう意味での"守備範囲"も明確に規定しています。

「ご来店」「フロア」「お会計」──ノウハウが満載のレセプション

「電話予約」に引き続き、レセプションのカウンター業務を中心に、私たちのレセプショニストがサロン現場で蓄積してきたノウハウを「来店時」「フロアのお客様」「お会計時」のシーン別に披露しながら、気を配るべきポイントなどを解説していきます。

事前に顧客情報を把握し、お客様を迎える

まずは、お客様を迎え入れるシーンの工夫について。ポイントは「レセプショニストが自分からお客様に寄っていく」というイメージを大切にすることです。

■来店時に注意していること

自分からお客様に寄っていく──これは具体的には、例えばお客様が「予約した○○です」と言ってくるのを待つのではなく、レセプショニスト自らが「お待ちしておりました。ご予約いただいた○○様ですね」というスタイルで、基本的な来店応対を進めていくことを指します。このとき、必要であればカウンター越しの応対ではなく、こちらがカウンター内から出て応対します。また雨の日なら、「雨の中、ありがとうございます」、夕方以降の仕事帰りの時間帯なら、「お仕事、お疲れさまでした」と、ひと言つけ加えながら、お荷物を預かるようにしています。

来店時に行うメニュー内容の確認や、電話予約の際に受けたお客様の要望の内容（例えば施術を終えてお店を出る時刻など）は、当日、お客様がいらっしゃるまでに、すべて頭に入れておくことが大切。予約表を見ながら確認するのではなく、ひと通り頭に入れておき、予約表を一切見ないで確認を取っていくことで、相手が抱く印象はかなり変化します。

　具体的には、「私が来るのを待っていてくれた」「この店は準備が整っている」というイメージを持ってもらえるようになり、お客様にとっての安心感につながっていきます。

　また、お客様の中には、毎回、同じスタッフのシャンプーを希望する人や、ヘアカラー剤を塗布するときはいつも、根元の部分をしっかり空けて塗る人など、お客様にわざわざ言われなくても、サロン側としてあらかじめ準備しておくべきことがあります。こういった、お店として"心得ておくべきこと"の徹底は、サービス業としての側面を強く持つ美容室にとって、とても重要なこと。もちろん、こういった情報は、すべてカルテに書き込まれているはずですが、レセプショニストはその内容を漏れなく読み込み、お客様が来店されるまでに把握しておかなければなりません。それこそがレセプショニストの重要な仕事の1つであり、これが機能することにより、お客様へのサービスがブレることなく、いつも安定した状態で提供できるようになります。

　つまり、来店されたときに、わざわざお客様から「いつものように、ヘアカラーを塗るときは、根元につけないようにしてくれる？」と言われるのではなく、レセプショニストの方から、「本日もヘアカラーを塗るときには、いつものように根元を空けて塗らせていただくということでよろしいでしょうか？」などと先に回った確認をしていくことで、お客様にとっての「特別感」が生まれます。

　ちなみに、私たちのサロンでは、"現場発"の工夫の1つとして、お店を出る時間が決まっている方や、施術時に注意が必要なお客様などのカルテは、必ず赤色のケースに挟んでフロアスタッフに渡すようにしています（通常のお客様の場合は黒色のケース）。非常にアナログな方法ですが、こうすることで、スタッフ全員がそのお客様に意識を傾け、要望や注意すべきことを見逃すことなく、確実にクリアしていくことができます。

フロアでは、放置時間中のお客様に注意

　レセプショニスト業務の1つとして、フロアの状況を把握することがありますが、特にお客様の状況に関しては、細心の注意を払うべきです。このときのポイントは、施術中の方ではなく、パーマやヘアカラーの放置時間中のお客様。相手が「放っておかれている…」という疎外感を抱かないようにするためにも、気を配ってあげることが大切です。

■フロアにいるお客様へ

　お客様が最も不快感を抱きやすいのがフロアにいるときです。それも、スタッフがついている施術中より、放置時間のときこそ十分注意しなければいけません。レセプショニストは、一人ひとりに「何かご用はございませんか?」と様子を伺いに行くこと。もちろん、そのときに顔やクロスに薬液がついていないか、額のターバンは緩んでいないか?──など、お客様の状態もさり気なく確認します。

　また、時間に制限のある方には、途中で「この後、カラー剤を流して乾かすだけなので、約束のお時間には十分間に合いますよ」というように、さり気ない声かけをすることで、お客様の不安を取り除くことができます。

　シャンプーブースは、お客様にとって最もリラックスしたい場所。と同時に、フロアから若干離れていることが多いので、本音が出やすい場所でもあります。つまり、お客様からの、さまざまな"サイン"を拾える場所でもあります。

　例えば「今日はずいぶん混んでいますね」「とてもお忙しいのね…」といったフレーズなど…。こういった、何気ない言葉の裏に込められたお客様の"想い"を、敏感にすくい上げていくことも、レセプションの仕事の1つです。

　ちなみに、上のようなフレーズなら、その裏には「普段よりも、今日は放って置かれているようで、物足りない気分だわ」というような本音が隠されていることも。

　また、「今日のカラーのお薬はしみますね」などといった内容なら、そのことを担当者に伝えておくことで、次回は別の薬剤を選び、結果としてサロン対する信頼感が増したり。

　そういった生の声=本音を拾うために、レセプショニストはシャンプーブースでのお客様の会話を、さり気なく聞いておくことが大切。ときには、そういった言葉に込められた疑問に対するアンサーを、会計のときの会話にサラッと入れるなど、機転の利いた接客が、レセプションの存在感を高めていきます。

フロアでのやりとりを把握し、心地よいクローズにつなげる

　お会計に回ってきたお客様は、フロアでスタッフとどんな会話を交わし、どんな施術を受けてきたのか──施術の前後も含め、フロアスタッフとどんな時間を過ごしてきたのかを把握し、そのうえでお会計業務に臨むのが基本です。そ

『EGO』のカルテ

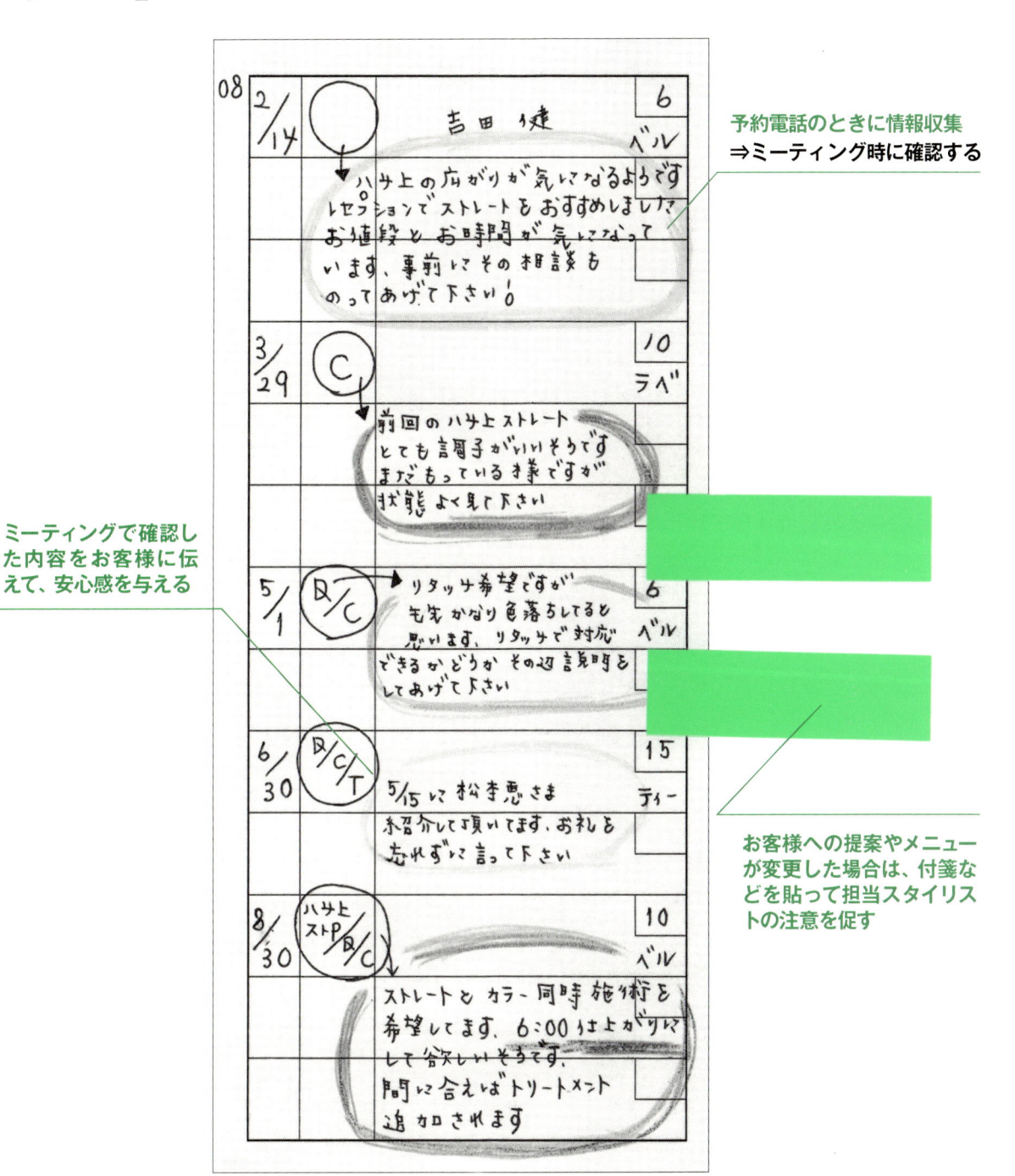

予約電話のときに情報収集
⇒ミーティング時に確認する

ミーティングで確認した内容をお客様に伝えて、安心感を与える

お客様への提案やメニューが変更した場合は、付箋などを貼って担当スタイリストの注意を促す

こでポイントになるのが、カルテへの書き込み。心地よく、印象的なチェックアウトを体験してもらうためにも、情報共有にはブレがでないように注意を払います。

■お会計のときに心がけていること

　私たちのサロンの場合、フロアから回収したカルテには、技術スタッフからレセプショニスト宛の伝達事項が書き込まれていたり、色別の付箋が貼られています。その内容としては、例えばお客様にお勧めした商品や、施術中に喜ばれたサービス（眉カットなど）、やりとりした会話など。例えば、仕上げ方や日常の髪の扱いの話をしていたのなら、担当者が使っていたスタイリング剤を提案したり、髪の傷みやホームケアのことが話題になっていたのなら、シャンプーやトリートメントに関する情報を伝えたり──会話の内容をきめ細かくチェックし、お会計のときの会話にさり気なく入れていきます。

　しかし、そのためにはレセプションカウンター内の仕事だけでなく、フロアにいるお客様の状態もよく観察しておかないと、お会計のときにピントの合った対応ができません。施術現場であるフロアとレセプションカウンターの情報に差があってはいけないのです。

　つまり、情報を共有できるシステムを構築することが重要。他の店の多くがそうであるように、私たちのサロンの場合も、それはカルテです（前ページ参照）。

　例えば、とても待ち時間が長かったお客様や、こちら側に不手際があったお客様の状況をレセプショニストが何も把握していないと、場合によっては強い反感を買うことになります。必ずひと言、お客様に「申し訳ありません」という気持ちを伝えることが大切です。

　その他、商品をご購入いただいたお客様には、必要があれば使い方などを書いてお渡しすることも──。

　また、サロンの居心地がどうだったのか？　ヘアデザインは気に入っているのか？──といったことを探るためにも、お客様と2人だけになるシーンを意識的につくり、本音を聞き出すようにします。

Chapter 11
レセプション業務Q&A

前章まで、サロンサービスの向上を担うレセプションの機能と役割について、『EGO』での実践をベースに解説してきました。しかし、実際に働くレセプショニストや、現場を束ねて指示を出す店長やマネジャー、あるいは導入を決意したオーナーなど、それぞれの立場で判断を迷う場面が出てくるかもしれません。そこで、この章ではセミナーでも質問が多い、現役のレセプションが悩みを抱きがちなケースについて、「プロモーション&オペレーション」と「待遇・組織」に分けて、ポイントを解説していきます。

Reception Navi

Promotion & Operation
【プロモーション＆オペレーション】

Q 毎回、予約なしで来るお客様に予約を促すには、どのように伝えればいいですか？

『EGO』では、「お客様にいいサービスを提供するため」という理由で、担当技術者の名前でお手紙を手渡ししています。具体的には、①予約のお客様が多くなっている　②でも、今まで通り、一人ひとりにきちんと時間をかけたい　③また、一人ひとりのお客様に対する"準備"も整えておきたい　④したがって、予約の調整にご協力いただきたい──という趣旨の内容。これは、あくまでも例の1つですが、ポイントはお客様に予約の意味を理解してもらい、意識を持ってもらうこと。もちろん、新規客の場合には、予約（優先）制であることをきちんと知らせたうえで、「次回からは予約をお勧めいたします。当日ではお断りせざるを得ない場合もございます」と伝え、お客様の意識を喚起するように工夫しています。

Q お客様の特徴が掴めず、どんなタイミングで何を話したらいいのかわかりません。

新規のお客様に関心を持ってもらうために、まずは、来店してくれたことに対する「もてなしの心」を表すことが大切です。と言っても、特別なことをするのではなく、バッグなどの荷物を預かるときの扱い方や、カルテに記入してもらうときのお願いの言葉など、直に接するシーンでの、振る舞い方に意識的になることです。ポイントは「いかにして相手の緊張感を解きほぐしていくか」「安心感を与えることに意識を割くか」。焦っていろいろな話をする必要はありません。レセプションとしての仕事をキッチリやることと、そのときの態度や表情が大切です。また、「何か事前に相談しておきたいことはございますか？」と問いかけることで、相手から要望が出てくるので、そこから話を深めていくことがポイントです。

Q 新規客と上顧客を、"いい差別化"するポイントは？

レセプションはお客様全員に分け隔てなく接するのが基本。その大前提を踏まえたうえで、上顧客には、あえて「後から」を、『EGO』では意識しています。つまり、通常のお客様や新規客を案内した後に、カウンターから出て話をすることで"差別化"しています。また、施術中にフロアへ行って話をすることも。一般客の前であからさまに差別化する必要はなく、むしろ、他のお客様がいないときに小声で「いつもありがとうございます」とお礼を言ったり、「すぐにお通ししますからね」などと状況を説明することで、相手は「特別感」を持ってくれます。

Q 整理整頓以外に、暇な時間ができたときにすべきことは？

『EGO』では、①整理整頓(掃除) ②DM書き ③集客プロモーションの企画立案 ④カルテチェックの順番で優先順位をつけていますが、これはお客様がまったくいない場合。1人でもお客様がいたら、事後処理できるものに時間を使うより、目の前のお客様を全員でもてなすことを優先します。なぜなら、失客しないためには、担当の美容師だけでなく、お店全体でもてなすことがポイントだから。当然、その中にレセプショニストも加わっていきます。

Q 新規客をスタイリストに振り分ける基準は？

まずは「今日はどんな仕上がりをお望みですか？」と、お客様の希望を聞くこと。なぜなら、必ずしも来店したときのイメージの延長線上に、"今日の希望"があるとは限らないからです。次に、そのやりとりをしたうえで、人(性格、ノリ)として、また、スタイルの得手・不得手といった"相性"を確かめながら、担当する技術者を決めていきます。そのときには、お客様に「ご要望のスタイルが得意のスタイリストをご紹介します」と安心感を与えながら、担当する技術者をプロモーションすることも大切です。

Q 予約が重なってしまうときの断り方や、次へのつなぎ方は？

予約が重なってしまう場合、電話での場合は、①空いている時間帯の提案（相手の希望に近い時間帯から）②別の日時の提案で、お客様の可能性を探っていきます。このとき、紋切り型に「その日時はいっぱいです」と伝えるのではなく、何か相手が「あっ、そうか…」と思えるような理由づけをしてあげることがポイントです。具体的な例としては、「お休み明けで、いつもよりも混んでしまっていまして…」とか「給料日後なので混みがちでして…」といった、"理由づけ"をしてあげることで、お客様も「なるほど、そうよね…」という気持ちになってもらえるようになります。つまり、すでに埋まっている日時に予約を入れてきたお客様に非があるのではないという雰囲気をつくりながら、別の提案をしていく工夫が大切ということです。

Q DMを書いたり、送ったりするポイントは？

基本的に、DMは現在、来店してくれているお客様に送るものだと、『EGO』では捉えています。その理由として、DMを送る目的は「来店のお礼」であり、お客様には、サロンの居心地のよさを思い出してもらう「余韻の楽しみ」という位置付けで出しているからです。したがって来店後、1週間以内に送ることを原則としています。これは、来店してくれたお客様に対する、レセプションの仕事の"締め括り"の1つと考えています。以上のような考え方から、『EGO』では「来なくなってしまったお客様」には、特別の場合を除き、DMは発送していません。

Q レセプショニストが1人のときの業務の優先順位は？

Chapter 9の「1人体制の場合」でも解説している通り、基本的には ①電話応対 ②ご来店 ③お会計の順番です。②と③は発生した順番に対応するので、逆になる場合もあります。ただ、②はお客様がサロンのサービスを味わう前で緊張していますので、なるべく③より優先させてあげた方がベターだと考えています。複数の業務が同時に発生する宿命を常に抱えているのがレセプション。実際に発生したときには、①「慌てず1つずつ」を心がける ②電話中に来店客があったら保留を押して、「○○様、少しお待ちくださいませ」「(担当者に)すぐに対応させますので」などと声をかける ③と同時に、店販品やメニュー表などをお見せし、ちょっとした声かけや目配せなどをして、"わかっている"ことを意思表示して、お客様に安心感、納得感を持ってもらうように工夫します。

Q 第一印象がよく見えるコツは？

とにかく、まずは笑顔。垣根のない歓迎の意思を表現し、ウェルカムな雰囲気を演出します。また、状況が許す限りカウンターから出て、自分から近寄っていく姿勢が大切。お客様は最初に、接点を持った人の表情を観察します。笑顔で声をかけられ、興味を持っているかのように近寄ってきてくれるスタッフに、お客様は決してネガティブな感情は抱きません。だから、まずは笑顔から！

Q 直前や予約時間を過ぎてからのキャンセルへの対処は？

そのとき現在の状況をネガティブに捉えるのではなく、次回、気持ちよく来てもらうための工夫をすることがポイントです。キャンセルの連絡は、お客様も言いづらいもの。そういった場面で「わざわざ連絡していただき、ありがとうございます。次回もお待ちしていますので、ぜひ、またお電話ください」と、相手の非には触れず、連絡してくれたことへの感謝を表現していきます。場合によっては、「またキャンセルしていただいても結構ですので、ご予約ください」と、別の日の予約を入れさせてしまうことも。何よりも、柔軟かつ前向きに対処していくことが、お客様とのつながりを維持できます。

Q お直し客への対処法は？

恥ずかしい話ですが、『EGO』でも稀にお直し客が発生します。そのときに心がけているのは、①相手の怒りを鎮めるための謝罪と、気にしていることの現状と、どうしたいかの希望をじっくり聞く　②電話の場合、必ずスタイリストにつなげる（場合によってはかけ直させる）　③来店されたら、まず謝って、お直し方法を提案する、という流れです。特に③については、必ずレセプションと担当者と現場責任者で相談してから、レセプショニストがお客様に対応するようにしています。その理由としては、レセプショニストが中立の立場で間に入ることで、お客様がクールダウンするケースが多いからです。お直し方法を提案するときのポイントとしては、①お客様にできるだけ納得してもらう　②できることは全力でやる　③困っていることをやわらげてあげる。例えば「手入れが非常にしにくく、スタイルを整えることがむずかしい」というクレームのとき、場合によっては「お客様が外出されるとき、事前にご連絡いただければ、半年間無料でシャンプー＆ブローをさせていただきます」といった提案をすることもあります。

Q 勘違いで予約が重複してしまったり、遅刻して来たお客様に対しては？

施術が問題なくこなせるのであればそのまま通しますが、どうしても時間がかかったり、待ち時間の発生が避けられない場合は、正直に説明します。そのとき「大変申し訳ございませんが、こちらの聞き違いで…」と、こちらが"悪役"になって対処するようにしています。仮にお客様の勘違いや、予約したときの聞き違いだとしても、相手の非を指摘するようなことはしません。また、お客様が遅刻してきた場合は、「次のお客様が先にいらしたので、少しお待ちいただくことがあります」と、来店したときにしっかりアナウンスします。これは、お客様に"遅刻グセ"をつけさせないようにするためです。そのためにも、予約のときにお客様へのインフォメーションとして、『EGO』の場合は「20分以上遅れてしまった場合には、次のお客様を優先させていただくことがあります」とお伝えしています。

Q お客様を長く待たせてしまったときの接客は？

原則は、待たせないこと。なぜなら、お客様に予約をしていただく意味がなくなってしまうからです。しかし、何らかのトラブルなどでお待たせしてしまうことが判明した場合には、前もって「少しお待ちになりそうですので…」と伝えて、例えば手や肩のマッサージなどをサービスし、相手を退屈させないことが肝心です。そういったアクションを的確に行うためにも、前倒しの対応がポイントになります。

Q 朝礼のとき、レセプションがスタイリストへ申し送る内容は？

最も重要なのは、その日の"要注意人物"のことです。要注意人物とは、例えば「仕上がりの時間が決まっていて、かなりタイトである」とか「前回、ミスをしている」といったお客様。その方の情報を、全員が共有することがポイントです。そのためには、事務的な申し送りではなく、伝え方を強調してみんなの印象に残るように工夫したり、ときにはアシスタントなどを名指しして、具体的に役割分担を決めてしまうこともあります。

Q フロアでレセプションがお客様に声をかけるタイミングや内容は？

タイミングとして適切なのは、パーマやヘアカラーの放置時間です。なぜなら、担当者が離れていることが多く、スタッフの目が行き届かない瞬間が起こりがちだからです。そのときにレセプショニストが注意すべきことは、声をかけると同時に、お客様の状況を確認することです。特に、顔周りの状態や、カラー剤やパーマ剤などの汚れがクロスについていないかどうかといったこと。加えて、室温をどう感じているのか。つまり、身体と頭の「熱い」「寒い」を確認することです。また、トイレに行きたいかどうかの配慮も欠かせません。退店予定時間など、その日の事情を言葉で再確認して、お客様に安心感を与えることも大切です。

Q フロアにいるお客様に声かけした後、離れるタイミングは？

複数のお客様がいるのが通常のサロンなので、基本的には1人のところに長くいないようにします。お客様への声かけは、言葉数や時間が問題なのではなく、どんな内容の声かけをするかによって、相手が安心できるかどうかが肝心。お客様が「私のことをわかってくれている」という感覚を持ってくれるのであれば、レセプショニストがかける言葉は「ひと言」が理想です。そのためには、相手の状況を理解し、そのときの心理状態に合った言葉をかけていくこと。「的を射たひと言」のチョイスがポイントになります。

Q "聞き上手"になるには、どのようにしたらいいですか？

ただ「聞く」だけでなく、相手が発した言葉の背景や裏側、どうしてその言葉を発したのかを考えることが大切です。お客様が発する言葉は、いつも額面通りとは限りません。相手に察してもらいたいことがあるからこそ、直接的な表現とは違った言葉を選ぶことがあります。本書の中でも解説したように、ちょっと沈んだ声で「今日は忙しそうね…」と言った裏には、「いつもより、私のことを気にかけてくれていないわね」というガッカリした気持ちが込められていることもあります。このように、言葉を表面だけでなく、深く読み込んで解釈することも、ときには必要になります。

Q 店販商品のアプローチのタイミングは？

店販商品を売る前提として、担当美容師がお客様のヘアスタイルをきちんとキメることの大切さがあります。それが達成されたうえで、レセプショニストはお客様目線やお客様感覚の言葉で、商品を勧めることが必要です。『EGO』では、商品をお勧めする場合、施術の会計が終わった後が大半です。その声かけや内容も、本当にご案内程度。これは、お客様に対して売るのがノルマだったり、押し付けに感じさせないようにするため。施術のお会計が済んだ後に、店販のお会計が改めて発生したとしても、それほど面倒なことではありません。自然な流れの中でお客様に受け入れてもらうためにも、サラッと提案するのがポイントです。

Q お客様のヘアスタイルの褒め方がワンパターンになってしまいます。

お客様の好みのスタイルを意識しながら、その日に最も気にしていた部分を、自分の言葉で褒めることがポイント。いつも決まった褒め方になってしまうのなら、例えばスタイルのディテールに絞るのも、1つのアプローチ法です。具体的には、前髪や毛先の表情、長さの変化、ツヤや色味…といった「部分アプローチ」です。その部分を褒めながら、担当者の提案内容をあらかじめ入手しておいたうえで、次回の提案もさり気なく入れたり…。予約のときなどに、お客様が気にしていた部分をポジティブな言葉で表現していくと、担当技術者に対する自然なプロモーション活動につながっていきます。

Treatment & Organization
【待遇・組織】

Q 雇用条件や、レセプショニストからの
ステップアップのかたちが明確になっていません。

これは、レセプショニストが長続きするために必要な、整えておくべき環境に関わります。つまり、レセプションに対するスタッフの意識を共有しておき、それを本人にも伝えていく。それが、大切に育てていく意識と、それを感じ取ってもらえる環境につながっていきます。当然ですが、言葉だけではなく、紙などに印刷されたものを手渡し、いつでも振り返ったり、確認したりできるようにすることも、レセプションを育てる環境の1つとして大切です。

Q ミーティングで決定したことが長続きしません。

基本は「言い続ける」ことです。それも、1人でやるのではなく、オーナーと共に。肝心なことは、オーナーを当事者として巻き込むこと。サロンの仕事に関して決定を下すのはオーナーの役割。だからこそ、言葉には重みがありますし、指示には力があります。場合によっては、ミーティングにオーナーも参加してもらい、そこで話し合われたことが尊重されているかどうかをチェックしてもらうことも必要です。

Q 募集してもなかなか集まりません。

どうしても「待ち」の姿勢になりがちな美容室の仕事。しかし、これからの時代、自分たちから積極的に動いていくことが必要です。レセプショニストの採用に関しても同じ。例えば『EGO』がお客様の中からスカウトしているように、待つのではなく、さまざまなルートを駆使して自分たちから求めていく姿勢が欠かせません。方法としては、期間を設定して試しに働いてもらう"インターン制"なども有力。また、スタッフも含めた周りの人たちの人脈、ネットワークをフル活用し、お客様をもてなす意識と資質を備えた人材を探すことがポイントになります。

Q アルバイトやパートタイムの人への教育は
どこまでやれば？

基本的には、正社員もアルバイトも一緒だと考えています。立場がアルバイトであるとか、正社員であるということは、お客様には関係ないこと。どんな雇用形態であろうと、きちんと接客してもらわなければなりません。だったら、教育のしかたや範囲も同じ。「お客様にとって」という視点で考えれば、当然、そのようになると『EGO』では考えています。

Q 技術スタッフやアシスタントとレセプションの間に
温度差があり、どのように接すればいいのかわかりません。

美容師とレセプションの間に温度差があるのは当然。この温度差は、技術者とお客様の間にある温度差と、ほぼ同様です。だから、これを無理に埋めようとせず、まずはレセプションの業務を完璧にこなすことから始めてください。そのときのポイントは、「お客様のために」という視点。この言葉を胸の内で常に反芻しながら、自分たちの守備範囲を一つひとつ詰めていく。そうすることで、美容師とレセプションの間に、「互いの足りない部分を補い合う」「尊重し合う」意識が醸成されてきますので、それをベースに接していくことが、美容師と"いい関係"を構築することにつながっていきます。

Q ステップアップの道筋（キャリアプラン）を
知りたいのですが。

『EGO』の場合は、「専属レセプショニスト」や「フロアマネジャー」といった役職を設け、キャリアプランのヒントにしていますが、肝心なことは、サロンのビジョンを明確にし、そのうえで働く側の安心感につながるような道筋を立てていくことです。例えば、1つのアイデアとして、現場のことは何でも相談できる「コンシェルジュ」のような役割をつくることも、キャリアプランの1つとしてレセプショニストが目指すべき姿でしょう。現場にいるからこそわかる、問題を解決できる存在。さり気なく、しかし、漏れることなく目配りと気配りが利く存在。現場でのキャリアが信頼感や安心感につながるような役割をつくっていくことも、レセプショニストのキャリアプランにとっては重要なことです。

Reception Navi

Q 技術スタッフからグチを言われることが多いのですが。

考え方によっては、貴重な状況かもしれません。なぜなら、お店に対してスタッフが感じている問題を知ることができる機会だからです。あなたに対してスタッフが漏らすグチは、本当につまらないグチなのか？ ただ、聞くだけでなく、ポジティブに捉えて、例えばサロンのプロモーションのヒントと捉えてみてはいかがでしょうか。彼らのグチの内容はお客様にどんな影響があるのか？ それは、どうすれば解消できるのか？ みんながポジティブな気持ちで働けるように、グチから問題を抽出し、サロンの質を向上させるための提案につなげていく。そんな意識でスタッフのグチに付き合うことも、ときには必要です。

Q 技術スタッフとの信頼関係を築き、レセプションに対する理解を得ていくには？

最も大切なのは仕事で結果を出すこと。それは、お客様の支持を得ていくことです。最初から技術スタッフの信頼を勝ち取ろうとするのではなく、お客様と正面から向き合い、頼りにされる存在になっていくことが、結果として「スタッフの信頼」を得ることにつながっていきます。ですから、それを得られるまでは、仮にスタッフから見下されるような瞬間があったとしても、我慢することが必要です。なぜなら、美容業界は実力主義が基本の世界だからです。だからこそ、プロとして結果を出す。実績でみんなを納得させていくことが、信頼感を築く、最も有効な方法です。そのうえで、「共に歩んでいく」という意識を持ち、価値観を共有していくことも、大切なことの1つです。

Chapter 11

Q 店長とオーナーの意見や指示が違うのですが…。

まず、大切なことは、お店の中でのレセプションの役割を、スタッフ全員が共有できるように、さまざまな機会を捉えて説明したり、ミーティングを重ねたりすることです。それらのことを続けても、意見や指示に違いがある場合には、勇気を持って、オーナーから指示されていることを店長に伝えるべきです。そうして、店長やマネジャーと意見調整を行い、それでも解決しない場合には、オーナー、店長、レセプショニストの三者で話し合いの場を設けることです。この場で話し合うときには、必ず「お客様のために…」という考えをベースにすること。その考えを確認しながら、サービスのレベルを高めていくために、現状をよりよく変えていくことを前提として話し合っていくことで、意識のズレを解消していけるようになります。

Q レセプショニストが1人なので、悩みを共有できません。

美容業界では、まだきちんと確立されていないポジションですから、日常的に疑問や悩みがつきまとうのは当然です。ただ、悩みを打ち明ける相手がいないのは、精神的に厳しい状況ですから、相談できる誰かを確保することが必要です。その相手として最も適しているのは、やはりオーナーです。現場での人間関係や仕事のやりとりを、当事者とは少し違った角度やスタンスから判断し、ヒントやアドバイスを与えてくれる人物として、経営者は格好の存在です。また、あなた自身を雇用しているのもオーナーであり、オーナーが必要だと判断したからこそ、あなたはレセプショニストとしてお店にいるわけです。そういう、あなたの雇用主に相談することが最もストレートで、悩みの解消につながるケースが多いです。ただ、そうは言っても、いつでも何でもオーナーに相談できるとは限りませんので、オーナー以外の相談相手を探すことも大切です。理想的には、レセプショニストとして実績を持っている人。これは、美容業界の人でなくても構いません。事情が許すならば、銀座の『EGO』に来て現場を観てもらったり、直接、小池に相談していただいてもいいと思います。

Q 美容の知識がないので、よくないところに気づいても注意ができません。

ポイントは、①お客様の代弁者になること。②そして、技術者とディスカッション(意見交換)する感覚で話していくことです。①に関しては、「あのお客様が気にしていたから…」「あのお客様だったら、もう少し○○の方がいいかも…」といった具合に、お客様の生の言葉をそのまま使ったり、消費者の感覚で意見を言っていく。このとき②として、「あなたの技術やデザイン力を信頼しているのを大前提として…」という信頼感や共有感を、伝える言葉の中に"ニュアンス"として入れていくことが肝心。スタイルの仕上がりイメージに対する意見、お客様の感想といったスタンスで伝え、技術的なことには言及しません。あくまでも、相手の欠点を指摘するのではなく、"1人の女性"として違和感を持ったことを伝える意識で。しかし、そういったスタンスで指摘するとしても、毛髪科学の基礎知識を習得することは必要です。なぜなら、こういった知識を身につける努力を重ねていくことが、自身の存在やポジションを周囲に認めさせることにつながっていくからです。

Dialogue

レセプションがいるからこそ、
心も身体も安心して委ねられる

中浜あゆみ（お客様代表）
×
吉田ケン（『EGO』オーナー）

- とにかく印象的だったレセプションの存在
- 担当した経緯は、レセプションの"命令"があったから
- 「美容師の機嫌を損ねないよう、気を遣うところ」が美容室!?
- プロフェッショナルな佇まいと心地よい"温度"が伝わってくる
- お客様が感じがちな"不"を解消するという考え
- 自分のことをわかってもらってキレイにしてもらいたい
- 憶えてくれているからこそ、また行きたくなる
- ミスをそのままにせず、対策も含めて具体的に説明
- 血の通った言葉がレセプショニストを成長させる

Reception Navi

吉田ケン （『EGO』オーナー）　　　中浜あゆみ （お客様代表）

サービスに対する美容室のスタンスを象徴する存在であるレセプション。お客様とさまざまなシーンで接する機会がある彼女たちの存在は、来店する人たちにはどのように捉えられているのだろうか？ ここでは、『EGO』のお客様として約2年通っている中浜あゆみさんとオーナーの吉田さんに、美容室のサービスとレセプションの存在について話し合ってもらった。

＊敬称略

とにかく印象的だった
レセプションの存在

――ここでは、『EGO』のレセプション業務に関して、お客様の立場から観た彼女たちの存在感や、サービスに対する感想など、生の声を聞かせて欲しいと思います。

まず、中浜さんが最初に『EGO』に来た時期と、そのときの印象を聞かせてください。

中浜　最初に来たのは一昨年（2007年）の春で、初めて伺ったときのことは、もう、絶対に忘れられません。と言うのも、扉のところまでドキドキしながら来て、実際に扉を開けた瞬間の、レセプションの小池さんの笑顔。温かくて、こちらに気後れさせない心配りがあって…。ホントに忘れられないですね。

吉田　ありがとうございます。今、中浜さんが言ってくれたことを実現したくて、レセプションというポジションを確立してきたわけですから。中浜さんが第一印象でそれを感じてくれたということは、サロンの方向性を考え、スタッフみんなを引っ張ってきたオーナー冥利に尽きますよね。

でも、『EGO』にいらっしゃるまで、レセプションがいるサロンというのは、あまり体験されたことがなかったのではないですか？

中浜　そうですね。それまでは多分、（電話での予約のときに）受付してくれた方なのでしょうけど、美容師さんが迎えてくれて、髪を切り終わってお会計のときもその方がしてくれるから、レセプションということで印象に残っている方はいません。

実際、以前はそれが普通でしたので。でも、例えば予約の電話を入れたときに、電話を取っ

てくれた方はどなたかわからないし、その方も私が誰かはわからないんですよね。そうすると、とりあえず「こんにちは」とは言ってくれますけど、やっぱり初めから説明し直さなければならないし、その時間を取らせることが申し訳ないと感じていましたから。

吉田　そこも意識していた部分なんですよ。お客様にしても、外部の方にしても、やっぱり電話って相手が見えないから、かける側の気持ちとしてはデリケートなんですよ。でも、電話に出る人がいつも一緒で、誰だかわかっていれば話が早いし、サロン内のいろいろな伝達がスムースに行える。レセプションを置いた理由の1つに、電話をすることに対するストレスをなくしていくことがあるんです。

中浜　でも、私の場合はインターネットで予約していたので、初めて来たときは、そういう方がいるのを知らなかった。だから、とても印象的でしたし、そのとき私には髪型に対する具体的な希望があったので、とりあえずという感覚でレセプションの小池さんに「こういうふうにして欲しい」と伝えたんです。なぜなら、自分の希望を美容師さんに押しつけるのは失礼だと思っていましたし、あまりしつこく言ったら嫌われてしまうのではないかという不安もありましたから…。

それでフロアに通されてから、担当してくれる吉田さんにも伝えたのですが、とにかく緊張してしまって。でも、吉田さんと話をしていると、どうやら小池さんに話したことが伝わっているような感覚が私の中に芽生えてきて…。それは、ちょっと不思議な感覚でしたし、あとはまかせるしかないといった気持ちで、黙って切ってもらったのですが、仕上がったときの感動と安心感は格別で。特に、家での手入れやスタイリング

電話をすることに対する
ストレスをなくしていくことも、
レセプションを置いた理由の1つ
——吉田

のしかたをアドバイスしてくださったのがとても嬉しくて、2週間後くらいにまた行ったんです（笑）。今、振り返ると、「ここで忘れられたくない」と思って、すぐに行くことを決めていましたから、初めて行ったときに、すっかり"ファン"になっていたのかもしれません。

担当した経緯は、レセプションの"命令"があったから

吉田 あのとき持っていらっしゃったのが、いわゆるスタイル写真ではなくて、ショートヘアのイラストでしたよね。で、本来なら僕は、新規のお客様には入らないんですが、レセプションの小池がイラストを拝見しながら中浜さんの要望をお聞きしたときに僕に担当させると判断したんでしょうね。「吉田さんじゃないと無理なので入ってください」と、命令口調で指示されましたから（笑）。なぜなら彼女は、僕が絵が好きで描いていることを知っていますし、ショートスタイルが得意なことも知っていますから、イラストのショートヘアを実際のスタイルに起こすためには、ショートが好きだとか、絵が好きで理解できるといった感性がないと無理だと判断したんでしょうね。でも、それがレセプションの仕事の1つですし、守備範囲ですから、僕は「はい」と。また、彼女は中浜さんが『EGO』にとって、絶対に"いいお客様"になってくれるという判断をしていましたので、僕も「わかりました」と快く引き受けました。

中浜 では、いろいろと伝えたことが、実は結果としてよかったということですね。確か、カットが終わってお会計のときに、小池さんに「イメージ通りどころか、それ以上にしてくださって感動です」とお伝えしたら、彼女が「実は吉田はオーナーでして、私から担当するように伝えたんです」と教えてくれて。こんな体験は、他の美容室ではありませんし、こんなに親切にされたのも初めてでした。

だから、2回目からは、小池さんに会いたくて来るように…。それくらい、彼女のファンになりました（笑）。

> 2回目からは(レセプションの)小池さん
> に会いに来るように…。
> それくらい、彼女のファンになりました
> ——中浜

——しかし、女性が同じ女性にそれだけ共感を持つことって、なかなかないのでは…。

中浜 小池さんは見た目だけではなく、知的な雰囲気を持っていますし…。私はお客の1人として関わらせてもらっているのですが、プライベートのことを聞かれるわけでもないのに、こちらのことを理解してくれる感性の繊細さや、図々しくは入り込まないようなプロとしての存在感など、私よりも若い方ですけど、尊敬できる女性ですね。こういうレセプショニストになりたいと思わせるのではなく、こういう女性になりたいと思いました。

「美容師の機嫌を損ねないよう、気を遣うところ」が美容室!?

吉田 以前、通っていたサロンとの違いを感じ取ってくださっているわけですが、その部分は、やはりレセプションですか?

中浜 そうです。こちらからアプローチしなくても、レセプションの方が親切であり、心配りができ、気遣いができる方たちなので、委ねられるんですよ。電話をするときも、別に構える必要がないし、お店に来るときも緊張しなくて済む。それと、『EGO』に来るときは、キレイにして行こうと思います(笑)。

そういう意味では、レセプションの方たちの接客を体験することで、初めて美容室で「温かさ」を感じたのかもしれません。それまで、私にとっての美容室は、「美容師さんの機嫌を損ねないように気を遣いながら、キレイにしてもらう場所」でしたから。

吉田 わかります(苦笑)。美容師以外にも、お医者さんとかプロの仕事をしている人たちに対しては、どこか機嫌を損ねないように気を遣うところがありますよね。

中浜 何となく「してあげている」「してやっている」というイメージですよね。

そういう意味では美容師さんに気を遣っていたのだと思いますし、電話をかけるときも、私のことはわからないだろうと思うから、希望を伝えるのに長い時間がかかってしまったのです

> お客様はお客様なりに、
> 美容師に対してすごく気を遣っている。
> でも、サロンはそういう場所で
> あってはいけない
>
> ——吉田

けれど、『EGO』は私のことをわかってくれていますから…。名前を伝えるだけで、レセプションの方みなさんが私の髪型を把握してくれているので、短い時間で済むんですよ。それは、お互いにとって、とても都合がいいことだと思います。

　以前は、予約のときに電話で希望を伝えていても、美容室に行ったらもう1度言わないと不安でした。それは多分、ガッカリした経験があるからだと思いますけど…。電話で予約するときに聞かれるので希望を伝えますけれど、行ってからもう1度「こうしてください」と伝えるには、言葉を選ばないと「それは聞いています」と言われて、居心地が悪くなるので、とても気を遣いますよね。

吉田　自分もどこかに行ったときに、似たような経験をしているので、サロンに対してそういうイメージを持っている方がいるんだなと実感させられ、ちょっとドキッとしますね。

中浜　まずは、自分の希望が伝わるかどうか、とても緊張しますよね。どんなに細かく伝えても上手くいかない。だから、また言葉を重ねて伝えるのですが、それで相手の機嫌を損ねてしまうのではないかと疲れてしまい、挙句の果ては「違うよなぁ〜」って思いながら、髪が伸びるのを待つことが何度もあって…。「髪なんて、また伸びるから」と言う人もいますけど、髪型が決まらないから遅刻する女の子も、たくさんいるわけですからね。

吉田　お客様に関して僕たちが欲しい情報って、実は髪型に対する希望よりも、その人の「人となり」なんですよ。そういう意味では、多少なりともレセプションの方が、電話でのやりとりや、来店されてからの荷物のお預かりといった、お客様と接している時間が長い。でも、美容師は、お客様が椅子に座って「こんにちは」と挨拶したときに初めて接することが多いし、すぐにヘアスタイルをつくる方法論とか技術論に意識が傾いてしまうことが多いんです。その点、意外とお客様の雰囲気というのは、レセプションの方が感じ取れると思うんですよ。だから、そうやって感じた「人となり」の情報をもらえれば、お

> 美容室は「美容師さんの
> 機嫌を損ねないように気を遣いながら、
> キレイにしてもらう場所」でしたから
>
> ——中浜

客様への入り方も工夫できるし、その人が発する言葉の端々に隠れている本当の気持ちを拾うこともしやすくなってくるんです。

中浜 吉田さんがおっしゃるように、私はレセプションの方に話をしてから担当の美容師さんに切ってもらう方が安心しますね。

プロフェッショナルな佇まいと
心地よい"温度"が伝わってくる

中浜 それに、レセプションの方たちの仕事ぶりを拝見していると、自分たちよりお客様の数が多い状態のときでも、みんなに配慮していて1人を孤独にさせないように気を配っているのがよくわかるんです。お客様全員に目が行き届いていて、スムースに対応してくれる。

例えば、別のお客様に接しているときでも、ちょっとしたタイミングで私に声をかけてくれて「奥のソファでお待ちください」と。それが居づらい感じではないし、そこにいたお客様に、私が失礼なことをしちゃったと思わせないような配慮をしてくださる。本当にプロフェッショナルだなって思います。

吉田 そういう細かい気配りは、レセプションを教育していくときに、方法論に置き換えてしまうと、絶対に「漏れ」とか「冷たさ」が出てしまうんです。だから、細かい気配りに関しては方法論を伝えたり、マニュアル化したことって、ほとんどないんです。

最も大切なのは、レセプション自身がどういう発想でお客様に接するのかということ。そして、レセプションというポジションに対する『EGO』の考え方。そういう部分を伝えたいんですね。だから「こういう人になってお客様に接しなさい」と…。結局、具体的な方法などは、その人にまかせるしかないんですよ。いくら起きがちなケースをパターン化したって、すべてには対応できませんから。

でも、考え方を共有しておけば、お客様に不快な思いをさせない対応はできるようになると思いますし、肝心なことは、自らできるようになる思考回路をつくることですからね。

> 僕たちが欲しい情報は、
> お客様の「人となり」。
> そういう意味では、
> お客様と接する場面が多い
> レセプションの方が感じ取れる ——吉田

中浜 レセプションの人たちは、身なりはもちろん、言葉遣いや姿勢、振る舞いなどもきちんとしていますよね。それは予約の電話をしているときにも感じられることで、電話の向こう側にいるレセプションの人たちが話しているときの姿勢や表情などといった"温度"のようなものまで伝わってきます。それに、気を抜いた姿を見たことがありません。カウンターのところにお客様がいなくても、彼女たちは無駄話をしている雰囲気もないし、1人のときも肘をついているわけではないですし。だから、清潔感のある存在というか、疲れているとか具合が悪いとか、そういうことを一切見せないプロフェッショナルな佇まいがあります。それは、不思議と電話の向こうからでも感じるんです。

お客様が感じがちな "不" を解消するという考え

吉田 それも特別に教育しているわけではないんです。ただ、僕たちの中に(お客様が感じがちな)「不快」や「不安」や「不満」といった"不"を解消するという考えがあるんです。

その考えをベースにすると、『EGO』というサロンの在り方としては、何か特別なものを備えた美容室にすることよりも、"当たり前のこと"が当たり前にできる、すべて「当たり前」を行える美容室にすることが、最高のサービスなのではないかと——。だから、これは喜ぶだろうという発想で、何でも足し算のサービスをしていくことではなく、引き算していくことも大切なサービスだと考えています。したがって、"不"の解消に関しても、もちろん美容を仕事にしているのだからキレイにしていることは当たり前、清潔なのは当たり前、仕事なのだから肘をついてやらないのは当たり前…。

思い起こしてみれば、みんな当たり前なんだけど、実はその当たり前を完璧にするのが、最もむずかしいのかもしれません。やっぱり、「アレがあるから…」と興味を持って見てもらうことよりも、お客様にとって「あんなことがあるのは嫌だわ…」と思われてしまうことの方が、サロンにとってはまずいことだと思っているんです。

> やっぱり、自分のことをわかってもらって
> キレイにしてもらいたい。
> だから、以前の美容室では
> ご機嫌伺いをしていたのだと思います
>
> ——中浜

自分のことをわかってもらってキレイにしてもらいたい

中浜 今、吉田さんのお話を聞いていて思い出したのですが、確かに以前、通っていた美容室にそんなことがありました。例えば、シャンプーはあまり気持ちよくないんだけど、この人にカットしてもらうためには我慢しようとか。ちょっと苦手なスタッフが電話に出たことがあって、思わず切ってしまったこともありました（苦笑）。それでも、「とりあえず、ここまでのことはしてくれるのだから…」と、自分に言い聞かせて通っていたことも…。どこか我慢しながら通っていた感覚があります。

結局、「どうせ、こんなものだろう…」という諦（あきら）めに近い感覚があったのかもしれません。ただ、『EGO』に来るようになってからは、そういった感覚は忘れていました。でも、改めて考えてみると、それは初めてのことですね。だから、そういう安心感って、実はなかなか味わえないんだなって、今は思いますね。

吉田 そういう、自分にフィットしたサロンに巡り会うことって、実際にはなかなかむずかしいですよね。だからこそ、そういうサロンに出会いたいという気持ちが、みなさん強いんでしょうけれど。

中浜 強いですね。やっぱり、自分のことをわかってもらってキレイにしてもらいたい気持ちが強いので…。そうしてくれる人というイメージがあるから、以前の美容室ではご機嫌伺いをしていたんだと思います。

吉田 いかに、美容室にはまだまだ課題があるかということですね。

中浜 もしかすると、どこかに「キレイにしてやっている」という雰囲気を感じてしまって、そこに不快感を持っていたのかもしれません。でも、髪を切ってもらうからには、相手に気を遣って「ありがとうございます」とご機嫌を取らないといけない。そういう違和感が、以前は常にありました。

吉田 お話を伺っていると、お客様はお客様なりに、美容師に対してすごく気を遣っていると

「また来よう」と思うのは、こちらを憶えてくれていて、なおかつ名前で呼んでくれるお店

——中浜

いうことがわかりますね。でも、サロンはそういう場所であってはいけないですよね。なぜなら、その人にフィットするヘアスタイルって、相手の本質を理解しないと切れないはずですから、お客様が気を遣っているような状態では、むずかしいですよね。

憶えてくれているからこそ、また行きたくなる

——話は少し変わりますが、中浜さんも銀座でお買い物をしたり、食事をされたりと、ブティックやレストランやホテルなどでサービスを受けていると思います。そういうお店と美容室を比較した場合、サロンのサービスはどのようにお感じになりますか。

中浜 『EGO』は初めて出会った「もてなしてくれる美容室」です。私がレストランやホテルでサービスを受けるときに、「また来よう」と思うのは、例えば2回目で前回はかなり前だったにも関わらず、こちらを憶えてくれていて、なおかつ名前で呼んでくれるとか、名前までは出てこなくても、前回のときのことをきちんと憶えてくれている人がいたり、お店であったりするときです。そういう体験をすると、その人やお店のことを好きになっていくし、結果として常連になっていくんだと思います。

それで『EGO』の場合を考えると、レセプションの人たちを筆頭に、スタッフの方々の接し方に「おもてなしの心」が感じられるんですね。それは、以前に通っていた美容室では感じることができなかったことなんです。つまり、「優しさ」とか「親切」といった言葉ではなくて、まさにもてなしてくれる。

「もてなしの心」とは、例えば座ったら目の前にすぐにお茶が出てくるとか、そういった単純なことではないんですけどね。

吉田 そういう「心」って、何かちょっとした仕種や振る舞いに表れたりとか、空気感みたいなものとして伝わってくるんでしょうね。

中浜 はい。すごく伝わってきます。それから、レセプションの人たちは音を立てないんですよ。

> お客様と接する機会が
> 多いレセプションは、
> お客様からいただいた言葉の
> 積み重ねによって成長していく
> ——吉田

何かを渡すときでも、置くときでも、音が立たない。とてもていねいですから、吉田さんの美容室には耳障りな音がないんです。

吉田 その部分も、実は達成したいと思っていることなんですよ。レセプションの仕事のしかたとか存在感、立ち居振る舞いに関しては、常にエレガントであるべきと伝えているんですが、音に関してもエレガントでないといけないと思っているんです。つまり、エレガントに感じる音もあれば、反対にそうでない音もありますから。だから、ドアなどをガタンと開け閉めしないとか、店内をツカツカ歩かないとか…。妙な音を立てると、僕はギッと睨みますから、それこそスタッフには、ヘンな音を立てたら、その音よりも大きな声で「すみません」と言えって伝えています。

中浜 本当に静かで、余計な音を感じません。

ミスをそのままにせず、
対策も含めて具体的に説明

中浜 ただ、1回だけなんですけど、ちょっとだけ頭をぞんざいに扱われているなって感じて、気になったことがあったんですよ。それが、すごく嫌で悲しくて、でも最初は言わないで帰ろうと思っていたんです。だけど、少し気が変わって「私はそれでも来るけど、もし1回目だったら、もう来ないと思います」と小池さんだけに伝えたんです。それに対して、小池さんはすごく謝ってくれただけでなく、その後に直筆のお手紙をくれたんです。で、その文面には「申し訳なかった」と…。でも、私は苦情を言ったつもりではなくて、果たして、言ったことがよかったのかどうかわかりませんでしたけど、ただ、そのお手紙が私には嬉しかったんですね。

それで次に行ったときにも彼女は謝ってくれて、「このように対処したので、これからはそういうことがないようにします」と、具体的な対策を説明してくれたんです。

吉田 それはレセプションに伝えてもらって、とても嬉しかったですよ。普通、そういうことが起きると、次からは髪を切りに来られないじゃないですか。だから、美容室には「負の情報」っ

て、そんなに入ってこないんですよ。お客様は、不満があったら「行かない」というアクションで意思表示をするわけですから。でも、サロンにとっては、そうなったら、もう遅いんですよね。

中浜　ええ。でも、その謝罪も吉田さんからされたのではなく、レセプションの人たちからされたからこそ、私はまた来ることができたんですよね。直接、吉田さんに謝って欲しかったわけではないし、「そういうことがあったから、気をつけた方がいいですよ」という老婆心が出ただけであって、何だか恥ずかしかったし、ちょっと後悔もしたんです。

吉田　でも、それは僕たちにとってみれば、本当に貴重な言葉なんですよ。

中浜　レセプションの人たちが「これからはそういうことがないようにしますから」とキッパリ言ってくれたことが、私にとっては、また信頼感を高めてくれた感じがしますしね。それと、いただいたお手紙に「ありがとうございます」と記されているのを見て、こちらの想いがつながったのかなって思ったんです。

血の通った言葉が
レセプショニストを成長させる

吉田　そんなに深い想いを『EGO』に対して持ってくださって、本当に感謝いたします。そうやってお客様から教えてもらうことが大半で、もちろん「教育」の中で伝えることもありますけど、何よりも大きいのは現場での体験ですから。

　やっぱり、お客様から「ありがとう」と言われることがとても嬉しいですよね。なぜなら、それは血の通った言葉ですから。いいことにしても悪いことにしても、お客様からいただいた言葉の積み重ねがスタッフを成長させるわけですし、お客様と接する機会が多いレセプションは、特にそういう側面が強いと思います。だから、言っていただけるということは、とても貴重ですよね。

中浜　吉田さんの言葉を聞いて、少しホッとしました。

吉田　ありがとうございました。

2009年2月5日　東京・銀座『EGO』にて

Epilogue オーナーの方々へ

真髄は"おもてなし"の
かたちをつくること

　いかがだったでしょうか？
　私たちのサロン、『EGO』が培(つちか)ってきたレセプション業務について解説してきました。もちろん、その内容に関しては、みなさんのサロン現場にフィットするものと、そうでないものがあるはずです。なぜなら、レセプションというポジションを根付かせるために肝心なことは、他のサロンのやり方をそのまま真似するのではなく、他店の実践や工夫を参考にしながら、自分たちのサロンにとっての"オリジナルのかたち"をつくることだからです。『EGO』には『EGO』の"流儀"があるように、他のサロンにも、そこに合ったやり方がある。つまり、美容室で働くレセプショニストの仕事の真髄は、マニュアル化できない、あるいはマニュアルを超えた、それぞれのサロンに合った"おもてなし"のかたちをつくり上げていくことにある、ということです。
　しかし、そのためには、レセプションを単なる「受付」や「雑用」と位置付けるのではなく、経営者自身が"接客のエキスパート"という認識を持って、じっくり育てていく決意をすることが最も重要です。

経営者の覚悟が
エキスパートをつくる

　これまで解説してきたように、レセプショニストの業務には「オペレーション」と「プロモーション」の2つがあります。しかし、これらを生産性のある仕事としてこなしていくには、単なる「受付」としての意識やスキルだけでは不十分です。つまり、専門職＝エキスパートとしての自覚を持ち、お客様への配慮を研ぎ澄ましていくことに"やり甲斐"や"手応え"を感じ取りながら、仕事を広げたり深めたりしていく…。そういった意識と実践がレセプショニストには欠かせません。
　でも、そのためには経営者がレセプショニストをエキスパートの1つとしてきちんと位置付け、育てる覚悟をすることが必要です。レセプショニストは、決して忙しいから欲しい"手"ではなく、オーナーやマネジャー、店長など、現場の責任者と一緒にお店を発展させていく方向性と、そのための運営方法を考え、行動を通してそれを推し進めていく"脳"＝ブレインなのです。
　ところで読者のみなさんは、サロンの発展を持続していくために必要なことは何だと考えているでしょうか？
　確かに、みんなで技術やデザインを磨き、把

握した時代の気分やトレンドを提案していくことが大切です。しかし、私たちのサロンは少し違った考えも持っています。それは、「一獲千金を狙うのではなく、仮に細くてもいいから、長くお客様に関わっていきたい」という想いです。だからこそ、小さくてもいいから"本物のサロン"をつくりたい。そういった考えの先にレセプションがあるのです。

短期的、あるいは直接的には生産性の向上に寄与しそうにないレセプションは、往々にして軽い存在に見られ、"雑用係"と捉えられがちです。しかし、すぐに効果が出そうな生産性向上の手段や目先の利益ばかりを追い求めてきた結果はどうだったでしょう？

私たちのサロンは、お客様からの小さな支持や、現場の地道な改善の積み重ねがサロンの"力"となり、最終的に「利益」となって戻ってくると考えています。だからこそ「地域に根を下ろし、一人ひとりと向き合い、自分たちの仕事を認めてもらうことで繰り返し来店してもらい、長くお付き合いしていく」という、昔も今も変わらない関係を大切にしています。

そういった発想から、質の高い技術やデザインだけではなく、サロンとしての応対の部分でも心地よい体験をしてもらいたいと考えるようになり、レセプションの業務の可能性を追求していきました。

この本で解説してきたことは、最初から理屈や理論があったわけではなく、現場で考え、試してきたことを積み重ねてきただけ。現実には、"失敗"と"手応え"の繰り返しを集積してきたに過ぎないのです。

意識改革：思いやりの感覚を養い、"被害者意識"を払拭する

では、エキスパートとして育てるということは、どういうことでしょうか？

それは、「オペレーション」の基本業務を完璧にこなし、マニュアルを超えたプロモーション的な仕事を、自己満足に陥らないように留意しながら、自らの意思で切り拓いていってもらうこと。そして、お客様に喜んでもらい、強固な信頼関係を築いていくことです。でも、そのためには、"促成栽培"ではなく、じっくり育てていく覚悟が経営者には必要になります。確かに「オペレーションだけをしっかりやってもらえれば…」という考え方もあります。しかし、そういったルーティンワークのみを期待するスタンスでは、レセプショニストは業務に手応えや醍醐味、あるいは将来性を感じ取れず、結果として「長続きしない…」という状況を招いてしまいがちです。

また、レセプショニスト本人の意識改革を促すことも必要です。それは、端的に言えば「お客様はお金ではない」という意識。いい意味で"仕事"という感覚を超え、相手を「ニコニコさせた

い」「喜ばせたい」といった、"おもてなし"や"思いやり"の感覚を持ってもらうための意識改革。相手の側に立って"お客様を守ってあげる"感覚を持ち、それを業務に反映させていくことです。

　さらには、往々にして抱きがちな孤独感や疎外感に端を発する"被害者意識"を正すことも必要。そのためには、美容業界で働く意識をしっかり持ち、美容に関する勉強にも積極的に取り組んでいく。腰掛けのOL感覚ではなく、現場で働くフロアスタッフ（美容師）と同じ意識レベルを持って、業務に臨む姿勢が必要です。なぜなら、守備範囲は違っても、戦うグラウンドは美容師と一緒だからです。

美容室にとっての「装い」「設え」「振る舞い」を再確認する

　閑話休題。ここで、少しアングルを変えて、美容室のレセプションが意識すべき「おもてなし」について、再確認しておきましょう。

　おもてなしとは、「装い」「設え」「振る舞い」の3つから成るとされています。

■ **レセプションの「装い」**

　第1の要素である「装い」――。

　これは、レセプションの存在と印象を左右するファクターとして、とても重要です。このことに関して、何よりも徹底しなければいけないのは、レセプショニストとして「すべきファッション」と、個人として「したいファッション」は別のものだということ。すべきファッション＝装いは、お店のコンセプトやスタンスによって幅がありますが、少なくともサロンのイメージからかけ離れていたり、汚したりするものであってはいけません。

　また、自分たちの世代だけにしか通用しないファッション感覚は、"サロンの顔"であるレセプションにはふさわしくありません。幅広い世代のお客様が来店されるサロンにとって、コミュニティファッション的なアイテムのチョイスや着こなしは、その"コミュニティ"以外の人間には強烈な違和感や不快感を抱かせるもの。いい意味での普通感覚、オーソドックス感覚を意識することが大切です。

　3番目に意識したいこととして、着る服の「機能性」があります。フロアで働く美容師ほどではないものの、レセプションの業務も意外にア

クティブな瞬間があります。身体を大きく傾けたり、あるいは目線をお客様に合わせるために屈んだりといったシーンで、胸元や腋の周り、あるいはスカートの丈などが気になり、業務上必要な動きを自然な状態でできない服なのだとしたら、それは職業に合ったファッションとは言えません。

同様のことは、服のサイズについても言えます。不必要に身体を締めつけてラインを強調したものや、反対に身体が泳いでしまうようなビッグサイズは、"仕事着"としては適当ではありません。

夏季など、特に暑い季節には、肌の露出にも気を配るべき。女性客が大半を占める美容室の場合、肌を露出し過ぎたファッションや、アンダーウェアを見せるような着こなしは敬遠されるだけでなく、サロン自体の品格を下げることにもなりかねません。また、過剰なアクセサリーや華美なメイクなども、"オンタイム"の「装い」として適していないことは一目瞭然です。

きつい香水やタバコの臭い、汗などの体臭や口臭が論外なのは当然のこと。レセプショニストは、お客様と至近距離で接する立場であることを厳しく認識し、食後の歯磨きはもちろん、休憩時間などに喫煙したのならば、口や手だけでなく、髪や服装の上半身など、臭いが残りそうな部分のチェックを、レセプションカウンターに戻る前に確実に行ってください。

以上のように、レセプショニストの装いにとって肝心なことは、清潔かつ爽やかで、親しみを感じてもらえるファッションであること。必ずしも最先端の装いをすることが重要なのではないことを理解してください。

■ "第3の目"が活かされる「設え」

第2の要素である「設え」──。

これは、単純に設備がゴージャスであるかどうかといった問題ではなく、備品の並べ方（レイアウト）、器具や消耗品のメンテナンス、商品棚の整理など、レセプションカウンターの周囲だけでも、ポイントが幾つかあります。

また、サロン全体で考えた場合、トイレやバックルームのクリンリネス、あるいはお客様に使用するタオルなどのクオリティ管理など、日常の手入れに関わってくる部分もポイントになります。

例えば、お客様の肌に直接触れるタオルならば、清潔であることはもちろん、異臭がないことや風合いがソフトになっていることなどが、お客様の居心地を心地よいものにし、結果としてお店の評価につながっていきます。

女性をキレイにする空間として、美化されていなければならないのが美容室。空間の隅々まで神経が行き届き、美しく磨き込まれていることが重要です。そのためには、掃除のしかたにも配慮が必要。ただ「やればいい」のではなく、それぞれの汚れに対し、どのようにすれば最も美しく維持できるのかを考え、掃除の方法

も工夫することが大切です。

　また、お客様の目線でサロン空間を観ることも大切。こんなところでも、"第3の目"であるレセプションの能力が問われます。

　例えば、スタイリングチェアや待ち合いのソファに座って、低い位置からサロン内をチェックする。また、通常の場面では目が行かないところにも意識を張り巡らす。

　ちなみに、私たちのサロンでは、約30項目のチェックポイントを設けており、開店前に全員で掃除を行い⇒終了したら店長がリストに沿って各項目をチェック⇒問題がなかったら、その旨をオーナーに報告したうえで、実際の営業に入ります。

■姿勢、歩き方、表情が"空気"をつくる

　第3の要素としての「振る舞い」——。

　お客様への施術が少しでも粗雑な美容師は、ほとんど支持されないように、レセプショニストの振る舞いにも同様のことが言えます。

　例えば、電話の受話器をぞんざいに扱ったり、ペンなどを不必要に弄んだり…。こういった、"精神の緩み"から発生する振る舞いは、レセプショニストの品を疑われるだけでなく、サロン全体の"格"を下げます。特にレセプショニストの場合、サロンの環境に対して繊細な感性が必要です。それは、温度、音、匂い、触感といった、視覚以外から入ってくる情報に対して。つまり、五感を駆使してサロン環境をチェック

し、さらには自分自身の身のこなしにも意識を張り巡らせていくことが求められます。

　具体的には、サロン内を歩くときやドアを開閉するときなどの音への配慮、お客様やスタッフにモノなどを受け渡すときのフォームに対する意識など。心理的にも、態勢的にも、お客様が無防備になる瞬間があるのが、美容室という空間の特性の1つ。無防備になるからこそ、周囲のことに対して敏感になるのがお客様の常ですから、そういった状況を踏まえ、スマートに身体をこなすことが、レセプショニストの「振る舞い」に求められます。

　当然ですが、その背景には、お客様に対する思いやりや配慮などがあることが前提。すべては「お客様のために」が基本です。

理想のサロンづくりのために経営者は先行投資を!

　それでは最後に――。
　組織を発展させていくためには、いわゆる"先行投資"が必要です。今、美容業界は厳しい状況が続いています。でも、こんな時代だからこそ、経営者であるあなたの収入に少しでも余裕があるのなら、自分のための"小さな贅沢"は少し先の楽しみとして取っておき、それをレセプショニスト育成のためのコストに振り向けてください。
　北千住で仕事をしていた時代、そして銀座に移ってしばらくの間、『EGO』の経営陣はみなさんにお伝えするのも恥ずかしいくらいの給料しか手にしていませんでした。食べて寝たら、手元にほとんど何も残らない――そんな日々が続きました。
　でも、自分たちが理想とする"本物のサロン"を実現させるためには必要なことだと理解していましたから、仕事に対する充実感は常にありました。
　最近、やっと軌道に乗ってきた手応えを感じます。私たちがイメージしている"理想のサロン"に、少し近づいてきたかな、と。
　でも、まだ道は半ば――。
　みなさん、一緒に素敵なサロンをつくっていきましょう!

吉田ケン（よしだ・けん）

1962年7月15日生まれ。東京都出身。日本美容専門学校卒業後、『嶋ヨシノリ美容室』（現『SHIMA』）勤務を経て93年、足立区北千住に『EGO』をオープン。98年には同地に『EGO+1』を開いた。2005年、2店舗を集約して中央区銀座に移転・オープン。現在、一般誌や業界誌でのヘアメイク撮影、セミナー、専門学校の講師など、多忙な日々を送っている。

小池優子（こいけ・ゆうこ）

1978年12月20日生まれ。東京都出身。昭和女子大学文学部在学中から、アルバイトとして『EGO』に関わる。大学卒業と同時に正式入社。以後、専任のレセプショニストとして勤務。2005年には同社の取締役に就任した。現在、サービスやレセプション業務に関するセミナーを全国各地で開催している。

BK selection　vol.4
サロンのサービスを劇的に変える──　美容室 レセプション・ナビ

著者	吉田ケン（EGO）
	小池優子（EGO）
Art Director	下井英二（HOT ART）
Illustrator	朝倉めぐみ
Editor	安斎明定（新美容出版株式会社 書籍編集部）

定価3,990円（本体3,800円）検印省略
2009年5月8日　第1版発行

発行者	長尾明美
発行所	新美容出版株式会社
	〒106-0031　東京都港区西麻布1-11-12
	編集部　TEL：03-5770-7021
	販売部　TEL：03-5770-1201　FAX：03-5770-1228
	http://www.shinbiyo.com
	振替　00170-1-50321
印刷・製本	太陽印刷工業株式会社

©SHINBIYO SHUPPAN Co;Ltd.　Printed in Japan 2009